如何成为
短视频
营销高手

王钇璇 ◎ 著

图书在版编目(CIP)数据

如何成为短视频营销高手 / 王钇璇著 . -- 北京：地震出版社, 2022.11
ISBN 978-7-5028-5469-0

Ⅰ . ①如… Ⅱ . ①王… Ⅲ . ①网络营销 Ⅳ . ① F713.365.2

中国版本图书馆 CIP 数据核字 (2022) 第 127162 号

地震版 XM5196/F（6289）

如何成为短视频营销高手

王钇璇　　著
责任编辑：张　轶
责任校对：凌　樱

出版发行：地震出版社
　　　　　北京市海淀区民族大学南路9号　　邮编：100081
　　　　　发行部：68423031　　68467991　　传真：68467991
　　　　　总编室：68462709　　68423029
　　　　　http: //seismologicalpress.com
经销：全国各地新华书店
印刷：运河（唐山）印务有限公司

版（印）次：2022年11月第一版　2022年11月第一次印刷
开本：710×1000　1/16
字数：217千字
印张：14.5
书号：ISBN 978-7-5028-5469-0
定价：58.00元

版权所有　翻印必究

（图书出现印装问题，本社负责调换）

序言
Preface

早已风靡全球的5G到底是什么？它到底能给我们的世界带来怎样的变化？

5G是英文"5th Generation Wireless Systems"的简称，指的是理论传输速度可达数10Gb/s（Gb，GigaByte，千兆字节的英文缩写）的第五代移动通信技术，它的传输速度是我们现在使用4G的百倍以上。5G在网络传输上实现后，世界将逐渐变成一个互联互通的小村庄，人与人之间、人与物之间的时空间隔将更加贴近，无论相隔多远，不论何时何地，人们都可以自由地保持联络。

5G的高速时代同样预示着智慧时代的到来。在5G时代，行驶在路上的汽车能通过网络实现自动驾驶；坐在家中，你可以通过网络随时随意控制所有的家电，甚至你在办公室就可以先行开启家中的空调、电视和热水器；在零售业、餐饮业、旅游服务业、票务行业、银行保险业等产业，5G将进一步催生更多新业态、新模式，彻底打破那些原有的生活形态和消费习惯。在5G时代，对网速要求极高的AR（Augmented Reality，中文名称增强现实）、VR（Virtual Reality，中文名称虚拟现实）设备，将带你走进全新的体验世界的方式——你可以借助VR技术，在家虚拟试衣，或在节假日里足不出户到世界各地旅行观光——5G的传输速度将使AR、VR、裸眼3D（3-dimension，中文名称三维视觉）变为现实，到那个时候，你所看到的人物、景物不再是平面的二维空间，立体的三维世界将成为时代的主流；5G的大带宽、低时延还会将智慧医疗变为现实，实现远程诊断、远程紧急处理和远程手术，实现医疗资源的充分利用和再分配……

简单说，5G的出现和发展使世界走向了一个真正意义上的网络时代，其千亿级的网络连接能力和毫秒级的传输时延功能，以10Gb/s的速度为全世界提供人与人、人与物以及物与物之间自由、安全、高效和高速的联通，让我们生活的每一个地方都成为高效运转的大脑。

在1G（即第一代模拟蜂窝网络移动通信技术）时代，人类实现了无线移动通话；在数字网络的2G时代，频率利用率比1G的模拟技术提高了1.8到2倍，网络传输速度可达到9.6Kbps，全球实现了以数字语音传输为核心的通信技术，并生产制造出了识别每个不同用户身份的SIM卡（全称Subscriber Identity Module，即客户识别模块）；在被称为漫游时代的3G年代，网络速度提高到了几百Kbps，数据传输速率达到了2Mbps，人们已经开始享受到了同期传送声音和数据信息的高速效率，并将全球无线漫游付诸现实，图像、音乐和视频实现了自由传输；4G时代，传输速率已经超过了20Mbps，其最高传输速率可高达到100Mbps以上，相当于3G网络的20倍，几乎所有的语音通话都可以通过数字直接转换，并以最快的速率传输各种高质量的视频、音频、图片等信息及各种数据，因此，这个时

代又被称为数字时代。在这个时代,手机已经变身为一部个人的随身电脑,人们可以随时随地下载和分享各种信息,而不再单纯用作通话设备;在这个时代,手机在线网络游戏,就是人们一般所说的手游,开始初见规模,逐步走进玩家的视野。而到了万物互联的5G时代,其传输速率可高达每秒10Gb,我们所生活的地方都将被强大的网络所覆盖,下载一个几十G的文件不再需要几十分钟甚至几小时,一两分钟就能轻松搞定,通信、信息的传播也将不再有延迟,几乎可以达到同期同步。

如果把1G的速度比作走路,2G就是小跑,3G就是坐上了汽车,到了4G时代,我们就相当于坐上了飞机,而让我们期盼已久的5G,则开启了航天时代,它不仅具有更快的速度、更便捷的操作体验,更具现实感的体验,而且更"聪明"、更智能——在5G时代,人们最直接的体验就是万物互联,一个依靠传感器和无线通信技术构建起来的互联互通网络,让我们能够自由控制设备、让设备能够智能服务用户、让智能设备无处不在,包括智能家居、智慧城市、智能物流等。在这个万物互联的时代,我们使用任何人机交互的产品都不再有卡顿,网页秒开,视频秒下,工作、娱乐都将会更加顺畅、高效……

这个时代已经悄然来临。截至2020上半年，中国三大运营商——中国移动、中国联通和中国电信已在全国各地建立超过25万个5G基站，2020年底已部署60万个，覆盖了全国二级行政区以上城市，至2021年底，我国已建成5G基站超过115万个，占全球70%以上，组成了全球规模最大、技术最先进的5G独立网络。在欧美各地，5G建设工作也正在紧锣密鼓地展开，早在2018年，美国移动运营商Verizon就宣布进入了5G无商用测试阶段，欧盟也启动了5G技术试验。在亚洲，韩国、日本分别在2020年和2021年实现5G商用……我们可以这样说，全球的5G时代已经来临了。

目录
Contents

第一章
5G短视频时代的到来

第一节 5G形态下媒体是什么样子的？/ 3

一、短视频三大特性改变受众阅读模式 / 3

二、8K视频即将风行 / 4

三、5G+AR、5G+VR、裸眼3D将成为主流 / 5

四、5G+AI助力，开启全民创作新时代 / 6

第二节 为什么5G时代是短视频的时代？/ 7

一、5G时代，短视频最先受益 / 8

二、强大配置，激发短视频壮大 / 8

三、5G的低资费，将使短视频成为一种普通生活方式 / 9

四、阅读方式向观赏时代转变 / 10

第三节 5G短视频的风往哪个方向吹 / 11

一、内容的"四化"——垂直化、个性化、新鲜化和组织化 / 11

二、"短视频+"的跨界商业化道路 / 13

三、短视频制作成本大大降低 / 16

第四节 5G时代短视频的领域分布 / 17

第二章　如何让短视频快速变现

第一节　短视频变现的7种方式 / 25

一、渠道分成与直播打赏 / 25

二、广告变现 / 26

三、电商变现 / 29

四、增值服务变现 / 31

五、课程变现 / 32

六、咨询变现 / 33

七、出版变现 / 34

第二节　微视频或可缩短变现路程 / 35

一、流量和流量池 / 36

二、如何运营私域流量？ / 38

三、私域流量运营工具简介 / 39

四、流量池标准规则揭秘 / 41

第三节　社群运营加速变现能力 / 45

一、社群的类型与归属 / 46

二、通过社群提高变现能力的要诀 / 47

三、深入了解产品 / 50

四、通过复盘把经验变成变现能力 / 51

第三章　三个定位，锁定短视频变现之路

第一节　短视频所涉及的领域 / 55

第二节　锁定你最喜欢或最擅长的领域 / 59

第三节　做出个性，避免雷同 / 61

一、精准定位和竞争分析 / 61

二、创新风格，走别人不走的路 / 63

第四章　一秒抓住人心——短视频文案法则

第一节　波澜与曲折——制造悬念和误会 / 67

一、悬念法 / 67

二、误会法 / 68

三、巧合法 / 69

四、反常法 / 69

五、顺逆法 / 70

六、对比法 / 71

七、伏应法 / 71

八、擒纵法 / 72

九、衬托法 / 72

第二节　幽默与含蓄——挑逗粉丝的每一根神经 / 73

一、讽刺法 / 73

二、反话法 / 74

三、夸张法 / 75

四、逗引法 / 76

五、象征法 / 76

六、借讽法 / 77

第三节　说明与论证——讲述者的逻辑 / 78

一、诠释法 / 78

二、举例法 / 79

三、分类说明法 / 79

四、顺序说明法 / 79

五、问答法 / 80

六、比拟法 / 80

七、比喻法 / 80

第四节 联想与想象——做一个偷故事的人 / 82

一、联想，拓展短视频思路 / 83

二、想象，丰富短视频内容 / 84

三、做个"偷热点""偷故事"的人 / 85

第五节 叙事——给故事插上翅膀 / 87

一、顺叙 / 87

二、倒叙 / 88

三、插叙 / 88

四、补叙 / 89

第六节 制式格式——人人都能看得懂的脚本 / 90

一、拍摄提纲 / 91

二、文学脚本制式格式 / 92

三、拍摄脚本 / 94

第七节 短视频魔法定式——三三制原则 / 96

一、3分钟讲述一个完整的故事 / 97

二、3秒钟内抓住受众的视线 / 99

三、3种矛盾冲突让受众笑与哭 / 101

第五章 短视频拍摄与剪辑

第一节 短视频拍摄流程与分工 / 109

一、短视频拍摄流程 / 109

二、短视频制作分工 / 112

第二节 短视频后期编辑 / 115

一、各镜头协调统一 / 115

二、选好动作剪接点 / 116

三、遵循轴线规律 / 116

四、控制镜头组接的时间长度 / 116

五、转场要有技巧 / 117

第三节 剪辑工具，短视频细节打磨的利器 / 120

一、常用的移动端短视频编辑工具 / 120

二、常用的PC端视频编辑工具 / 123

三、使用剪映App编辑短视频 / 124

四、使用Pr编辑短视频 / 127

第六章 如何包装自己的短视频

第一节 短视频标题的写法 / 135

一、主要短视频平台对标题的推荐算法 / 136

二、短视频标题制作小技巧 / 140

第二节 勾选标签，巧妙利用平台算法获取流量 / 146

一、标签个数以6~8个为宜 / 147

二、核心要点精准 / 148

三、时间、地点要合理 / 148

四、合理追踪热点话题 / 149

第三节 视频主页小技巧 / 150

一、微信视频号昵称、头像与作品发布 / 150

二、抖音的昵称、头像、简介和视频封面 / 151

第四节 稳定更新，培养用户观看习惯 / 156

一、保持更新频率，保证账号活跃度 / 156

二、找好时机，挖掘最佳发布时间点 / 157

三、编排创新，满足用户渴求点 / 158

第五节 避免雷区 / 159

一、雷区之一——标题党 / 159

二、雷区之二——定位模糊 / 159

三、雷区之三——画面质量差 / 160

四、雷区之四——盲目追热点 / 160

五、雷区之五——硬广告 / 161

第六节 短视频运营小技巧揭秘 / 162

一、提高账号权重的几个神操作 / 162

二、教你几个避开"封印"的办法 / 164

三、如何让你的短视频获得更大的推荐量 / 166

第七节 价值影响与个人能力的塑造 / 169

一、价值及其影响 / 170

二、个人能力的塑造 / 172

第七章 主要短视频平台及微视频的崛起

第一节 主要短视频平台 / 177

第二节 抖音短视频平台简介 / 180

一、抖音平台定位 / 180

二、抖音平台的特点 / 180

三、抖音短视频注意事项 / 182

第三节 快手短视频平台简介 / 185

一、快手平台定位 / 185

二、快手平台的特点 / 186

第四节 微信视频号平台简介 / 189

一、人人皆可创作 / 189

二、降低门槛自我实现 / 190

三、视频号功能 / 191

四、微信视频号注意事项 / 191

第八章 短视频运营技巧

第一节 构建底层逻辑和顶层逻辑 / 195

一、营销逻辑构建下的短视频账号打造 / 197

二、营销逻辑构建下的短视频内容打造 / 197

三、营销逻辑构建下的短视频运营 / 199

四、短视频运营必备的数据分析工具 / 200

第二节 原创实用内容的典范——秋叶 / 203

一、定位精准 / 203

二、生动有趣 / 203

三、注重互动 / 204

四、逐步拓展 / 204

第九章 短视频的未来与收益

第一节 短视频的未来 / 207

一、5G，短视频时代的到来 / 207

二、视频＋社交＋消费 / 207

第二节 知识化和去商品化将成为最新玩法 / 209

一、知识化与娱乐化将成为主流 / 209

二、矩阵将进入绞杀阶段 / 210

三、IP价值更加突显 / 211

第三节 VR、AR和裸眼3D将成为下一个闪耀新星 / 213

第一章

5G 短视频时代的到来

任何时代的技术革命都会带来翻天覆地的变化，蒸汽时代带来工业革命的迅猛发展，电脑的发明和发展带来了"大洗牌式"的行业更新，许多曾经风靡一时的行业在一夜之间消失殆尽，新兴职业在一夜之间红遍全球。

5G的发展和5G网络的建设引发了一系列的变革，在工业制造、农业生产如电力、港口、医疗、运输、种植等多个领域出现了前所未有的革命性改变，其中最为显见的就是人们交流形式的改变。相较于文字传输，具有画面感的短视频因其更直观的信息内容和更多元化的表现形式，契合了"90后""00后"对交流方式的需求，一夜之间，人人制作短视频、人人收看短视频、人人传播短视频，使短视频市场在全国迅速风靡起来。

作为全球领先的移动互联网第三方数据平台，艾媒咨询的调查和报告显示，2019年中国短视频市场规模达828.2亿元，同比增长608.5%；2020年短视频市场规模为1408.3亿元，同比增长速率仍保持在70%。

第一节
5G形态下媒体是什么样子的？

5G将全面改变世界格局，高速、清晰的网络将覆盖社会的每一个角落，真正实现人人互联和物物互联，缩短人与世界之间的距离。

5G时代的媒体方面，全维视频直播将成为常态信息传输模式。一方面，在信息高速传输技术的帮助下，人们可以在家里、在郊外甚至在世界的任何一个角落，全方位、多视角观看新闻事件、体育赛事、视频故事，并可以通过AR、VR、裸眼3D等新科技如亲临现场般享受旅行和游戏的乐趣，这些"5G+人工智能"传播方式可以使受众感受到身临其境的享受，让受众对新闻事件、体育赛事有更深刻的了解与体验；另一方面，随着5G技术的推广和改进，使用成本将大大降低，甚至会低于现在的4G使用费用，让受众在低消费的情况下随时随地享受5G提供的大带宽连接，不仅视频画质得到提高，其表现方式也将变得更加个性化，更加丰富。同时，5G高速传播下的视频采集、生产、接收、反馈等各个环节也将发生革命性的变化，新形态的媒体形式不断涌现，进一步满足受众的需求。在这种情况下，短视频行业一定会成为下一个移动互联网时代的现象级风口。

一、短视频三大特性改变受众阅读模式

5G对短视频将具有三大特性，即基于5G技术的高传输速度特性、低延时不

卡顿的流畅特性和大带宽海量连接的互联特性。

首先，5G技术将给未来的网络带来更快的传输网速，5G的最高理论网速可达到10Gb/s，是目前4G网络传输速度的100倍，下载一部1Gb的内容仅需几秒钟，大大节省了消费者的等待时间；其次，5G网络具有高可靠和低延迟两大特性，高可靠性意味着数据丢失概率几乎为零，信息、数据的传输安全得以保证，低延迟性意味着相较于4G时代高达50毫秒的延迟，5G技术低至1毫秒的延迟使通信、播放更流畅、更清晰，且不会出现卡顿现象，即使连接AR、VR设备时也不会因数据延迟出现断联以及眩晕；最后，5G还拥有大带宽特性，可无缝稳定连接海量设备，让万物互联时代得以提前到来，实现更丰富多元化的5G新体验。

二、8K视频即将风行

随着近年来短视频行业的火爆，大众对短视频画质的要求也在不断提高，最初流行的480P（P代表Progressive scan，逐行扫描，是一种视频解析度标准）视频画质早已被720P、1080P的视频画质所取代，随着4G技术的不断更新，超高清的4K[①]视频画质应运而生，在这个时代，人们享受到了更快的上网速度和各种精彩的生活画面，但到了5G时代，超高清的4G将被淘汰，取而代之的是画质更清晰、播放更流畅的6K[②]、8K[③]视频画质，进一步增强用户享受感和体验感。

相较于4G网络，5G有着更高的传输速度和更广泛的带宽，为6K、8K超高清视频播放提供有力技术支持，这意味着受众可以在各个视频平台随意切换、观看包括6K、8K在内的超高清视频，甚至在随意改变观看进度的情况下依旧不会出现卡顿。换句话说，只有5G网络才能真正实现6K、8K视频的流畅播放，它带给短视频行业最明显的改变就是更高清、更流畅的视频画质。

---

① 4K即4K分辨率，指分辨率达到4000像素、垂直分辨率达到2000像素的级别。

② 6K分辨率的像素量高出4K2.4倍，约为5952×3698。

③ 8K的水平分辨率为7680像素，也称为4320P，是目前数字电视和数字电影摄影所能达到的最高分辨率。

三、5G+AR、5G+VR、裸眼3D将成为主流

5G+AR、5G+VR与短视频的融合,将会给受众带来全新的沉浸式互动视频体验。在5G时代,人们可以通过AR、VR设备全方位投入到虚拟现实场景中,与视频中的角色互动,获得极具沉浸感和画面感的视频体验。

4G以前的AR、VR受制于网速、延迟以及视频清晰度等技术问题的限制,在实际体验中经常会给用户造成卡顿、断链、眩晕等不适感。随着5G时代的到来,AR、VR将在短视频方面得到广泛应用,一方面,5G低至1毫秒的延迟性很好地满足了AR、VR设备10~20毫秒的标准延迟网速,避免长时间佩戴产生的眩晕感,另一方面,5G带来的大带宽将完美地解决AR、VR在传输速度以及对清晰度方面的要求。目前这种形式的视频已经开始出现,比如爱奇艺平台就创建了VR视频体验区,不仅如此,2020年的央视春节联欢晚会就利用了5G技术进行VR视频直播。

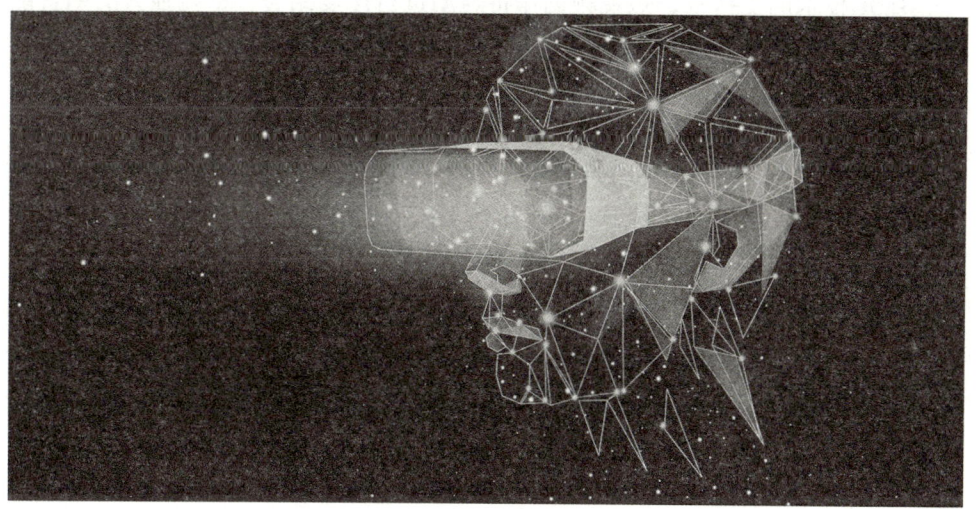

在裸眼3D方面,目前国内外众多的科技企业正在研发适用于电视、手机的裸眼3D产品。硬件方面,有富士、索尼的裸眼3D单反相机、摄像机以及三星公司研发的裸眼3D屏幕;软件方面,一些崭新的裸眼3D App正在研发当中,如"视觉3D"等观看软件。

5G的高传输速度完全可以满足3D传输的需求。相信随着5G和AR、VR、3D技术的成熟和普及，未来的视频很可能直接以AR、VR、裸眼3D形式展现出来。

四、5G+AI助力，开启全民创作新时代

5G时代带来了短视频制作新的机遇。早在4G时代，很多用户就开始在抖音、快手、微视、爱奇艺、小红书、优酷等短视频平台发布、分享自己的视频，一度让短视频成为全民争相追逐的热点和各大平台竞争的主攻方向。随着5G时代的到来，云计算、AI技术（人工智能，全称Artificial Intelligence）得到了进一步发展，大量数据可以直接在云端进行处理以及传输，人们即便没有强大的终端处理设备，也能通过云端完成大型、复杂的视频剪辑工作，让短视频创作更加便捷高效。

在5G技术的支持下，短视频创作将与AI进行深度结合，依托强大的AI智能技术，快速精准地进行AI抠图、AI场景识别，完成复杂的短视频后期处理工作，极大地降低视频制作的难度，加快视频制作的速度，让每个人都能尽情发挥自身才华，制作出极具创意的优质短视频。目前，以抖音、快手为首的短视频平台已经开始借助5G+AI技术来降低视频创作的门槛，进一步推动全民创作视频时代的实现。

5G时代，短视频将变成一种日常的沟通方式，人们可以轻松地用短视频来进行沟通，表达自己的心情和情感。

第二节
为什么5G时代是短视频的时代？

每一次重大技术革命都是社会新陈代谢、推陈出新的过程，科学技术的每一次重大突破，都会促进人类的重大进步。

随着5G时代的到来，其超级的传播速度和广泛的连接方式将彻底改变传统媒介的内容生产方式、传播方式、表达方式和接收方式。作为对科学技术最为敏感的传媒行业，随着5G时代的到来，发展正在悄悄地发生着巨变：广播电视行业建设起高起点的现代传播网络，影视产业链条发生更新换代，传统媒体正在演化为新型的融媒体，5G正在深刻影响着传媒行业，使其内部发生巨变。而在这种变化中，由于5G大带宽、大连接、低时延的强大优势，短视频很可能就是最先从5G获益的行业。

在2019全国短视频创意峰会上，全国人大社会建设委员会副主任委员、中国网络社会组织联合会会长任贤良表示："即将到来的5G技术，打开视频像打开图片一样快，更多普通网民可以参与内容创作，短视频将成为内容传播的绝对主力。"

与4G相比，5G具有更快的传播速度，其数据传输速率最高可达10Gb/s。在2020年举办的乌镇世界互联网大会上，与会者用5G网络做了一个实验，发现下载2G的游戏只需要15秒，下载100首歌只需3秒，其网络延迟低于1毫秒，而4G

的延迟为30～70毫秒。5G带来的这一崭新变化无疑为短视频提供了新的发展机会。

一、5G时代，短视频最先受益

随着受众需求的变化和技术的进步，短视频正在成为移动互联网时代的现象级风口。在5G到来之前，更符合用户阅读习惯的短视频形式已初具规模。随着5G时代的来临，网速的制约和限制正在一步步被打破，短视频更将直接受益于此，成为人们的基础性生活消费模式，正在逐渐取代传统模式成为内容传播的绝对主力。

二、强大配置，激发短视频壮大

我们都知道，一个好的软件必须要有一个强有力的配置才能发挥其最大作用，5G技术的出现无疑能为短视频制作提供最为强劲的配置，成为短视频发展的最大推动力，其最关键的作用，就在于网络传输速度的提升和视频质量的提高，这种提升和提高不仅对众多的媒体产生影响，更能进一步催生众多的新媒体形式和行业，而短视频平台无疑是受影响最大的一个，高网速和高画质增加了人们观看视频的满足感，更大幅度地提高了短视频的播放量。

随着5G技术的不断升级，具有强烈临场感的沉浸式视听模式AR、VR将得到普及，其应用也将更加广泛。在由工业和信息化部、江西省政府联合主办的"2019世界VR产业大会"上，有关人士明确显示：预计未来一两年内中国AR、VR规模可达到544.5亿元，增长率为95.2%。

5G移动通信时代的到来，也催生了更加多种多样的短视频新玩法，AR、VR、人脸识别系统、面部及动作动态捕捉等新技术应用，将助力短视频行业不断创新和发展，特别是5G高速传输模式下催生的AR、VR内容，将使短视频制作和收看进入一个新的阶段。在那个时候，AR、VR短视频制作的门槛将会大大降低，受众观看AR、VR短视频也不会出现卡顿，短视频市场将会出现更多的新奇内容，迎来一个更新的时代。

在目前短视频内容的生产构成中，UGC[①]与PGC[②]均是重要的组成部分。在5G时代，随着千亿级的互联互通，更多短视频内容将不断出现在市场上。这个时候，UGC生态将会得到更进一步的重视，独特的、优质的内容UGC将更加凸显，非UGC内容或质量不高的短视频将会被排挤到流量之外。从另一个方面来说，短视频平台为了受众群体的增加，也将会把更优质、更垂直的内容以更智能、更快捷的方式推送给用户。在这种情况下，即在5G技术帮助下，短视频头部平台将会进一步壮大，并创造和分裂出更多细分的市场，这将给短视频行业带来更多的机遇。

在5G这个信息超级爆炸的时代，谁能及时抓住话题，谁能真正表达出自己的思想，谁就能以最快速度准确地吸引受众的眼球，谁就能抓住先机。而抓住先机也就意味着抓住了市场，抓住了购买力，抓住了变现的机会。而相较于其他新媒体，短视频因为在传播速度上占有绝对的优势，在传播方面也就占有着先天的优势。

三、5G的低资费，将使短视频成为一种普通生活方式

5G对于短视频的深远影响，就在于它将短视频的发布与制作变成了人们的一种生活方式。

在4G时代，流量费用相对较贵，那时候基本套餐标准为10元/G。到了5G时代，随着网络技术的发展和网络基站的大规模建设，单位流量资费将会出现大幅度降低。

资费降低，短视频将成为市场的最大获益者。据艾媒传媒统计显示，截至2020年底，我国的移动（短）视频用户规模高达8.75亿人。其报告中称，2013至

---

① UGC，即User Generated Content，也指用户（也就是短视频制作者）自主制作生产内容，也就是用户将自己的原创文字、短视频等发布到互联网或移动平台上，其重点要求是原创。

② PGC，即Professional Generated Content，指是由一部分专业的人或机构来生产原创内容。

2020年，是我国移动（短）视频行业的井喷期，每年均保持在两位数的增长率。随着时代的发展，目前在众多互联网应用中，短视频正在取代其他传播形式，至今仍维持强劲增长。

短视频用户的增多，进一步促进了短视频内容供给侧的繁荣，在用户与内容提供者两方的相互作用下，短视频也必将会进一步吸引更多用户和制作者。人们可以随时随地拍摄或观看短视频，并将短视频作为表达个人感受、相互传递信息的一种生活方式。高通总裁克里斯蒂安诺·阿蒙在"IFA 2019"峰会上接受媒体采访时曾表示，他对5G时代视频的发展十分看好。他认为："视频产业会成为最早获得5G红利的产业，相信在即将到来的5G时代，视频的获取和传播将像今天用4G听音乐一样简单和方便。"

四、阅读方式向观赏时代转变

通过对市场的研究，我们不难看出，人类的阅读方式正在发生着巨大的变化——从过去传统纸质的阅读走向网络数字阅读，又从网络数字阅读的读文时代逐渐向读图时代、视频时代转变。这与其说是视频时代满足了人们的阅读惰性，不如说是阅读习惯的回归——我们的老祖宗最初认识世界的方式就是通过视觉画面而不是文字、图形——当然我们更应该认识到，短视频阅读改变了人类阅读的方式，增加了阅读的形式。

互联网的出现改变了我们传统的书写与阅读方式，我们的阅读变得越来越碎片化了，变得越来越简单、快速、犀利而生动，这种更省时、更省力的阅读和写作方式将阅读变得轻松简单化了，改变了人们过去的阅读经验——只要有网络存在，我们就可以随时随地阅读，就可以随时随地自由交流，这就是网络带给我们的便利。

第三节
5G短视频的风往哪个方向吹

小米公司的创始人雷军曾经说过:"站在风口上,猪都能飞起来。"

5G时代的到来,将近几年迅猛发展的短视频推上了一个新的风口。很多有远见的创业者,纷纷抓住了这一机遇,挥师进军短视频行业。

那么,作为一名短视频市场的参与者,我们怎样才能在竞争激烈的市场环境中占领行业制高点呢?其中最重要的一点就是把好风向,顺风而行。

短视频市场的风向是什么呢?从目前的情况分析,短视频在5G时代将会出现几个重要的发展趋势。

一、内容的"四化"——垂直化、个性化、新鲜化和组织化

仔细研究媒体的发展趋势,你会发现,随着互联网的出现,媒体的受众开始逐渐从文字阅读时代向读图时代发展,而到了5G时代,网络的提速又将受众从

读图时代向视频时代挤压,这是短视频时代到来的一个明确信号。

短视频市场的火爆让我们进入了全民短视频时代,我们每个人都变成了短视频参与者,不仅下载、观看短视频,更多的人成了短视频的创作者。在竞争日益激烈的短视频领域,并非每一个短视频都能赢得受众的关注和赞赏,一个内容创作者要想攫取更多的受众和流量,就必须保证自身内容的个性化。

同任何产品一样,只有拥有与众不同的、个性化的内容,才能让你在短视频竞争中脱颖而出。同质化的短视频将会受到市场的严重挤压,取而代之的将是垂直细化的内容[①]生产。

当然,短视频内容要想长期保持个性化和新鲜感,吸引越来越多的粉丝,往往需要团队协作、共同努力才能完成。很多短视频制作者,甚至那些大V[②]、KOL[③]只能"火"一段时间,之后便悄无声息了,其中很大一部分原因在于个人的能力是有限的。在需要大量创新、创意的5G时代,单打独斗会更加难以生存,很多有长远打算的短视频内容生产者早已看到了这种发展趋势,他们或者组织了自己的短视频团队,或者加入了各种MCN[④]组织,用团队的力量保证持续高质的内容输出,并最终实现商业的稳定变现。

---

① 所谓垂直细化内容,就是指你的内容和你选择的领域是一致的,并且一个账号一直以来输出的应该是同一类内容,比如旅行、音乐、教育、美妆、美食、新闻等方面的单一内容,这将成为5G时代短视频平台发展的必然趋势。在垂直化内容的要求下,你不能今天做美食,明天说相声,否则,你可能会失去一大部分粉丝。

② 大V,是大众对网络上具有一定影响力、粉丝众多的一些学者、名人、明星等的俗称。因为这些人具有一定的影响力,所以他们在微信、微博、短视频上发表的意见往往能为受众所接受,并引发话题的讨论,对舆论形成一定的影响。

③ 关键意见领袖简称KOL,是Key Opinion Leader的缩写,是网络从营销学上借来的概念。关键意见领袖必须是那些拥有更准确信息且能为较多受众群体所接受或信任的人,他们的意见对这个群体的行为和思想有着较大影响力。

④ MCN,英文全称为Multi-Channel Network,是指目前较流行的一种网红经济运作模式。这种模式将相同的或不同类型和内容的PGC专业生产内容发布在不同的网络平台上,进而追求实现更多的商业变现。

二、"短视频+"的跨界商业化道路

目前，短视频的表现方式和营销生态已日趋成熟，在5G时代，短视频的发展将进一步呈现出融合发展的趋势。中国网络视频研究表明：未来，"短视频+"的形式将成为市场的常态，各种各样的跨界融合、合作将成为主流。

1. 短视频＋电商

在这个全民刷短视频的时代，很多商家都看中了短视频市场中巨大的潜在客户，纷纷寻找相关领域的短视频达人合作，以谋求更多的商业机会和销售业绩，还有一些商家自垒炉灶，通过自己创作的短视频宣传推广商品，做起了电商的买卖。如今短视频和商家的通力合作，已经打通了从短视频流量到商品的便捷转化之路，用户在浏览视频内容的同时，可以直接点击产品链接，进而跳转到购物网页去下单购买。

提到"短视频+电商"，就不能不提到2019年在贵州省贵阳市举办的"社交电商赋能新经济发展论坛"。5月28日，贵阳市人民政府副市长杨波在论坛大会发言中说道：目前，电商已经成为贵阳发展中的生力军，这支生力军突破了传统电商模式，揭开了贵阳市扶贫助农新篇章，在农村地区的生产和消费方面发挥了极其重要的作用。他介绍说，快手平台目前已助力贵州省超过50个贫困县、超过340万贫困县用户获得了收入，带动了地区的有效脱贫，其中最具代表性的有迷藏卓玛、蒋金春等。

在东北，知名电商卢小开原本只是一个普普通通的边境山区青年农民，通过抖音直播带货，卢小开成功逆袭，成为当地致富的领军人物。在他的短视频简介上，他是这样描述自己的："每天都会更新视频，让你更好地了解我们山区生活。"卢小开就是这样，每天通过视频把你带进山区村民的生活场景，描述和记录他们生活的点点滴滴，跑山、采蘑菇、采蜂蜜，从早到晚，将这里的生活记录得详详细细，让你感受到不一样的山村生活和民俗风情。通过对这些生活的描述，卢小开将家乡的特产——山野菜、野生蘑菇等带入了购物车，也带进了全国各地人民的生活，使他自己成为当地的一个成功电商和致富带头人。

一条播放量达1 400多万的短视频，让在快手"短视频+电商"主播小琴的粉丝一夜之间增长了100多万，随之转化而来的粉丝购买订单，让小琴在2019年年底的月流水额突破了3 000万元大关。小琴原本是做线下服装批发的商户，由于实体店的经营越来越不景气，2018年9月，她开始接触短视频行业，并选择了快手平台。虽然从未制作过短视频，但小琴凭借着优质的短视频内容和真挚的情感表达，不到两年时间里就在网络平台取得了成功。正是基于这种正能量的内容和源自生活的真实，许多像小琴一样的"门外汉"迅速在网络电商中占据了重要地位，捕获了大量粉丝。

2. 短视频+社交

2020年9月，中国互联网络信息中心（CNNIC）发布第46次《中国互联网络发展状况统计报告》，报告称：至该年6月的统计信息显示，我国网民规模已达9.4亿，其中，使用手机上网的网民比例为99.2%。在这种大趋势下，很多短视频制作者意识到仅仅带货卖货不可能长期吸引广大受众，真正能够将受众牢牢团结在自己周围的，是那些充分体现人文关怀、交流思想意识上的社交内容，并且逐渐向这个方向靠拢，创造出了"短视频+社交"的模式。

所谓的"短视频+社交"，就是把"视听内容"当成一种基本沟通语言，并用这种语言来构建社交关系，再用构建成的社交关系来吸引流量，抢占社交和视频领域中的商业机会。比如我们前面说到的卢小开，就是通过展示家乡的风貌构建社交平台的，再通过社交平台积攒流量，最终实现电商的功能。现在，抖音、微视、小红书等短视频平台正在充分挖掘短视频的社交功能，积极鼓励个人用户以社交方式积攒用户和流量。

不过，严格说来，社交类短视频不能称为一种类型，因为所有的短视频都具有社交性质，特别是很多短视频（包括电商类短视频）都将社交作为一种吸粉的手段。比如早在2014年7月就在美国上线音乐短视频的Musical.ly，是世界上短视频的早期玩家。通过不断努力，2015年7月，Musical.ly超越了Facebook、Youtube等网站，成为全美IOS总榜的第一名。Musical.ly的成功得益于它的"人人皆可玩"的运作理念，用户只需拍摄15秒的生活短视频，然后在Musical.ly乐库中找到自己喜欢的音乐，就能快速创建出一段音乐视频，或者从Musical.ly乐库中找到自己喜爱的歌曲，配上15秒有趣的画面，就能在网上发布，这种简单得不能再简单的玩法，迅速风靡了北美市场。目前，我国的一些短视频网站，也开始运用这种"人人皆可玩"的手法。

3. 短视频＋知识

短视频创作的低门槛限制使得知识生产变得更加方便快捷，比如国家博物馆就创建了一个让粉丝趋之如鹜的短视频账号，这个账号在"纵览古今历史、欣赏中外艺术"的主题下，每天都更新短视频，传播各种各样的知识和文化。"意外艺术"则属于生动有趣类的短视频，每天，它都以年轻人喜闻乐见的形式展示现代优质的艺术作品。在知识学习方面，不得不提到的就是秋叶短视频制作团队。多年以来，秋叶始终坚持在PPT领域的教学工作，生产了大量视频，为粉丝提供了众多解决方案，深受粉丝的喜欢，这种专业教学和领域深耕的模式，也为它的收费教学奠定了基础。

短视频不仅创作门槛低，其制作过程也相对简单，且成本较易控制，也因此使得知识传播的门槛和获取知识的成本大大降低。基于以上两点原因，"短视频+知识"跨界融合在短时间内就风靡了整个市场。

作为5G时代短视频跨界的热门领域之一，"短视频+知识"的模式获得了很多人的认可。在接受《中国产经新闻》记者采访时，我国知名互联网评论家丁道师就提出了这样的观点，他认为：短视频也好，直播节目也好，不应当总播放那些聊天、唱歌、跳舞的内容，而应该多播放一些跟我们的知识传播、日常生活有关的内容和服务，这才是短视频行业的突围之道。他说："短视频+知识"就是很好的一个风向，通过短视频、直播平台传递知识和信息，不仅是正能量的表现，而且非常符合短视频未来的发展风向。

当然"短视频+"的模式不仅仅局限于电商、社交、知识等领域，在未来短视频营销的新媒体时代，利用5G推动重构营销新模式、跨界融合的玩法还会出现很多。

三、短视频制作成本大大降低

有专家认为，5G加上AI等技术的赋能，未来短视频的审核也势必会缩短流程，加速短视频的发布时间，提升用户体验，更加有效地提升短视频运营者的营销效率。

但从另一个角度来看，网络播放速度加快了，短视频审核速度加快了，同时也意味着更多的短视频运营者将加入竞争行列，粉丝们对短视频的质量、品质要求就会更高。从这个角度看，未来短视频的运营成本会大大增加，作为一个短视频制作者和运营者，在5G时代不仅需要更专业的设备，比如8K视频机、高配置的电脑，还需要专业的导演、演员、编剧以及专业的运营人员，这些都会大大增加运营成本。

总之，未来短视频肯定是互联网的宠儿，作为一个短视频创业者，一定要把握好时机，选择合适的领域深耕细作，必要的时候团结一切可以团结的力量，利用一切可能变现的渠道，争取乘着时代的东风，实现利益的最大化。

第四节 5G时代短视频的领域分布

卡思数据将短视频内容分为17种类型,分别是军事、母婴、美食、旅游、财经、汽车、搞笑、科技、少儿、游戏、娱乐、影/视评、运动健康、生活资讯、文化教育、音乐舞蹈和时尚美妆。

1. 母婴

母婴类短视频始终在市场上占有着巨大的份额,有着非常大的受众面,受众黏性非常强,具有可观的市场可挖掘性,现在很多母婴类短视频号已经成为营销达人的孵化目标之一。

母婴类短视频受众人群主要集中在"90后""95后"这个群体中,这些年轻的爸爸、妈妈由于没有育儿经验,且是网络时代的消费群体,他/她们需要以更快、更丰富、更有趣的形式获取育儿知识。在这种情况下,面向年轻爸爸、妈妈提供育儿知识、普及育儿常识、分享育儿心得、传播育儿快乐的短视频应运而生,像"十八楼豆豆""十月呵护""宝妈享食记""全民宝贝计划""小心肝""豆妈工坊""奇育记""宝贝在成长""孩事儿""有福妈妈""拾味爸爸"等都有不错的表现。

"十八楼豆豆"短视频的主角是一位喜爱做美食的奶爸,他以插科打诨的逗笑方式定期在微博、哔哩哔哩、爱奇艺等平台分享奶爸必备的各种常识,深受年轻父母们的喜爱；"宝妈享食记"的主角每期讲述如何为自己的孩子和家人做出放心好吃的食品，并以小故事的形式讲述不同季节宝贝需要补充的营养，如"休闲小桃酥，酥到掉渣的下午茶！""天凉了，来碗猪肚鸡暖暖身子吧！""教你学做菜：双倍甜蜜快乐的奶茶蛋糕""土豆的100种做法，香脆可口的膨胀土豆来啦！""夏天到了，来一道唇齿留香外酥里嫩的熏鱼吧！""既可以当零食又可以下酒的神奇牛肉吃法""皮蛋超好吃的做法来啦，爆炒不凉拌，下酒又下饭"等作品，既实用又有趣。这些短视频不仅能在一两分钟里直观有趣地讲解育儿知识点，而且可以实现线上线下交流互动，并同时获得了儿童食品、服装鞋帽等商机。

从内容的发布渠道上看，母婴内容用户最集中的平台依次是新浪秒拍（微博）、腾讯视频和App Store的美拍。紧随其后的搜狐视频、抖音、爱奇艺、优酷、乐视等平台的母婴亲子频道近年来也取得了不小的突破。

2. 旅游

5G短视频能够生动真实地展示旅行目的地的真实全貌，特别是AR、VR、3D技术的普及，旅游短视频将被推向一个新的高峰。

就目前的情况来说，由于各种原因，很多优秀的导游纷纷开始了网上直播和短视频录制工作，他们的知识性和专业性给短视频市场带来了一股新的动力。比如目前聚焦故宫、颐和园的直播就有"乾小四""故小贝""你的马队""光夫话北京""故宫大燕子""故宫小玉儿"等许多账号，其中，抖音主播"乾小四"每天都带领大家在故宫各个殿宇中游走，并通过录制视频的方式讲解故宫里发生的故事；"你的马队"主播也是导游出身，与其他"故宫主播"不同，她不仅仅驻足在故宫，还经常带领大家在全国各地游山玩水，将各地最漂亮的景物、最火爆的美食和当地旅游攻略详细讲解给大家。

除了北京，全国各地都相继涌现出一批优秀的旅游短视频制作者，在西藏，有"秋增带你看西藏""城乡卓玛"等；在国际方面，像"冒险雷探长""环华十年""麦小兜开车去非洲"等短视频账号也风靡一时。"环华十年"制作者培根在视频中分享自己"穷游"中国十年的记录，内容丰富多彩；"麦小兜开车去非洲"讲述的是一车两人自驾旅游亚洲、欧洲和非洲的视频故事，和受众一起分享当地美食和自己驾车旅行的经验。

3. 搞笑

为娱乐而生、娱乐至死，始终伴随着网络的发生与发展。在互联网上，很多人最初看短视频就是为了利用碎片时间放松自己，所以搞笑短视频成为很多内容制作者争相抢占的赛道，即使是那些"板起面孔"的正论式短视频，多多少少也需要带上一点搞笑元素才能吸引粉丝，从而受到粉丝的热捧。

在这类短视频中，纯娱乐搞笑如"搞笑三哥""高校九弟""张讨打""搞笑美翻天"等账号一夜之间在抖音上火遍大江南北，比较有实力的搞笑视频账号"毒角SHOW""倒霉侠刘背实""陈翔六点半"等视频博主也不断推出搞笑新作，特别是"陈翔六点半"更是霸占了爱奇艺搞笑视频的半边天，让粉丝捧腹不已。

4. 科技

科技的发展和对新知的渴求，让科技类视频在观看量上一路看好，特别是我国在深海、航天、芯片等方面的全面发展，让越来越多的粉丝积聚在科技类短视频上，并由此孵化了"科技前沿""前沿科技""基地""环球创意黑科技""麦田网络科技""三生科技"等一大批讲述科技领域内容的短视频账号，这些短视频通过每日更新，不断地将世界最前沿的科技成果、研究内容和我国科技的最新发展介绍给粉丝们，在科技和生活之间架起了一道彩色的虹桥。

"前沿技术"是爱奇艺平台下的高清视频节目，是精选的科技创意视频专辑，每期向粉丝推出最新的科技话题，例如"科学家这一发现将颠覆人类对外星生命的认知""科学家在地球上最深的海沟到底发现了什么？""大学生发明逃生滑梯，摩天大楼可以瞬间逃生""750块木头和金属，打造一架索普维斯骆驼战斗机"……每一个话题，每一个发现，都牢牢吸引着粉丝的视线。

5. 亲子

与母婴类短视频火爆的原因类似，新生代父母在如何选择玩具、怎样与自己的孩子相处等方面，都需要一些参考和指导；而另一方面，孩子们的成长也需要陪伴和呵护，很多孩子因家长没有时间陪伴自己，就选择了短视频作为自己的玩伴。基于这些原因，亲子类短视频在争议中得到了最大的释放。

卡思数据显示，亲子类短视频最受欢迎的播放内容主要集中在爱奇艺、腾讯和优酷三个平台。在内容方面，亲子类短视频主要集中在玩具类、儿歌类、绘本故事动画类、手工类和创意实拍短剧类这五大内容类型。其中，玩具类节目在整个亲子少儿垂直类内容中占比接近七成，这类短视频制作简单，流量获取更加容易；儿歌是婴幼儿早教领域中很重要的教学内容，几乎所有家长都会给孩子播放儿歌进行听力和语言训练，儿歌类内容多以动画方式呈现，丰富的颜色和活泼可爱的动漫形象更容易吸引婴幼儿观看；亲子早教类内容中最受欢迎的是专家的意见和建议，如一些儿童教育专家的短视频；手作类内容多为带着小朋友一起做手工，拍摄难度相对较低；创意实拍短剧类内容主要是向儿童讲解天文、地理、自然、科学等各种学科知识，需要专业的编辑和策划团队的支持。

目前较为火爆的亲子类短视频账号主要有"玩疯了""樱桃来了""妈妈之道""有养""圈圈游戏屋""MakerBeta超能实验室""小伶玩具""豆乐儿歌""北美玩具"等。

6. 影/视评（八卦）

影/视评（八卦）类短视频一般可以分为三种：第一种是展示类，即将一部电影、电视剧的核心内容和看点提炼出来与粉丝分享；第二种是评论类，是针对某一部电影或电视剧进行中肯的评论，以帮助粉丝更好地理解这部电影或电视剧；第三种是八卦类，这类短视频实际上属于娱乐类，即分享明星的各种新闻、趣事，甚至有些"狗仔"的味道。

在这类短视频中比较有影响力的有Bilibili（哔哩哔哩，俗称B站）的"理娱打挺疼"、橘子娱乐公司的"橘子娱乐"、优酷平台的"优酷快看"和爱奇艺的"八卦热点"等。其中，"理娱打挺疼"是一档娱乐评论节目，该节目用幽默的语言和理性的视角，为大众解析娱乐圈的各种"内幕"，发表理智的"挺疼观点"，深入客观地还原娱乐圈真相；"橘子娱乐"是原创"娱乐圈趣闻工厂"，定时给大众带来娱乐八卦看点，并讲解最新美妆时尚、网络热点等内容。

7. 运动健康

运动健康类短视频在各个平台都很受欢迎。在这类短视频中，有各个足球、篮球俱乐部官方的短视频号，也有"天下足球"等短视频运营者，更有像"潘晓婷"一样以个人命名的短视频。服务于运动的短视频也有很多，像"GO运动吧""极限运动""户外星球""旺仔滑雪""功夫健身"等就属于这一类。

健康是人人都关注的问题，特别是近些年来人们越来越注重自身的健康问题。在这类短视频中，有专门针对老年人的"康诊视——老年健康短视频""乐天心理短视频——老年人心理健康"，有腾讯公司针对年轻人的"健康生活短视频"、爱奇艺的"健康小视频"等，还有科普性的"硬糖视频"和医疗服务平台性质的"丁香医生"等。

8. 生活资讯

生活类短视频涵盖的范围较广，有关于生活方式的，也有专门针对某一种生活趣味、爱好的，还有关于生活常识的。这些内容的爆发，其原因就在于随着社会的高速发展和物质条件的极大丰富，人们早已不满足于传统的作息生活规律，他们需要更多地了解不同生活方式、不同文化下人们生活的内容和享受生活所能带来的各种物质和精神硕果。

在这个领域有许多成功的直播和短视频制作者，如生活在澳大利亚的"澳胖""北京大妞"，生活在英国的"彩玲"，生活在日本的"鹤洋看日本"等，他们把在国外的生活经历和故事展示在人们面前，同时也带我们了解了外国人的生活状况以及他们的思想、行为方式。

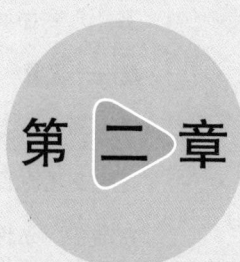

第二章

如何让短视频快速变现

短视频变现，是每个短视频从业者的梦想。

短视频是一个坐拥上亿粉丝的超级庞大流量平台，在这个平台上，只要你有了流量，有了众多的粉丝群，短视频变现根本不是问题——流量=金钱！粉丝=金钱！有了流量和粉丝，你就不愁变现！

那么，怎样才能在众多短视频中脱颖而出攫取众多的流量，从而达到变现的目的呢？要想实现这一梦想，我们首先要做好短视频的前期准备、分析短视频用户、寻找熟悉的行业，并利用自身和团队的优势打造出短视频爆款。

所谓做好前期准备，首先，要分析各大短视频平台的数据——该平台的用户多少、有什么推荐机制、什么时间段观看率最高等；其次，你要分析这些短视频平台的用户特征——该平台用户的年龄比例、男女比例、居住区域、受教育程度等，进而分析这些用户对短视频内容的需求；再次，根据以上分析，决定你的短视频的内容定位——是展现舞蹈，还是励志鸡汤，或者是特色景点、搞怪段子，再或者干脆就是直接带货；最后，你要分析自己的特长，比如你是做衣服美妆的，那么就把你的短视频号做成服装美妆的内容，如果你擅长搞笑，就不妨做个搞笑视频。

通过这些分析，再加上适当的引流等技术营销手段，相信你的短视频不会永远沉默在茫茫的短视频大海中。

第一节
短视频变现的7种方式

高速传输和低网络费用的5G，让越来越多的人将工作重心和赚取"生活费"的方式转移到短视频领域，在这个流量为王的年代，流量已经成为变现的前提，不管是广告变现、电商变现、直播变现，还是课程变现、咨询变现、出版变现，流量都是最基本的要求。

目前短视频变现的方式主要有渠道分成、广告变现、电商变现、直播变现、课程变现、咨询变现、出版变现、游戏变现、增值服务变现等几种方式。随着5G时代的到来，相信在不久的将来我们会看到更多的变现方式。

一、渠道分成与直播打赏

这两种变现方式是目前最常见也最普通的变现方式。

渠道分成是指短视频制作者依靠短视频播放量赚取平台的广告费，像头条、火山、西瓜等自媒体平台及其他视频App往往对作者都有补贴，比如头条，只要你的视频或文章里允许投放广告，那么1万的阅读量就有1块钱的广告费，很多

短视频制作者都是靠播放量来获取收益的。

在直播领域，主播变现的方式主要是靠粉丝和受众奖励及打赏来实现的。现在大多数平台都具有打赏的功能，而且打赏的名目和打赏的礼物也是多种多样、五花八门。在直播过程中，主播通过表演等手段赢得粉丝和受众的喜爱，并接受粉丝和受众送出的礼物，以此来获取收益。

二、广告变现

随着移动端的不断发展壮大，广告平台也逐渐由传统互联网所主导的搜索引擎关键词广告，逐渐转变为平台主动推送的移动端信息流广告。抖音、快手、小红书等短视频平台借助其庞大的日活用户数、高用户时长，以开屏广告、信息流广告等形式获得收入，赚得盆满钵满。相较传统广告，移动端短视频广告因其成本低、覆盖精准和植入性强等特点，越来越受到广告投放者的青睐，甚至一些著名品牌也加入了这个行列。

短视频广告变现的运营主要涉及四个方面：第一个是广告投放者，也就是广告主；第二个是广告具体投放人，也就是广告主的广告代理公司或代理人；第三个是短视频的商务团队，他们负责承揽广告；第四个是短视频策划、拍摄、发布团队，即所谓的创作团队。

广告主，也就是产品的拥有者，他们需要在短视频中发布自己产品的广告，并根据自己的需求给短视频团队提要求，并支付广告制作、发布等费用。在短视频出现以前，大多数广告主都会在电视、广播、报纸等传统媒体及新型的网络平台上投放广告，短视频出现以后，这种广告发布模式被彻底打破，短视频以预算成本更低、投放更精准、用户人数更多的形式吸引了越来越多的广告客户，短视频广告不仅成为目前最流行的广告趋势，也成为短视频内容创作者变现的最主要方式。当然，这种通过短视频传播广告的模式虽然精准性更强、短时收益更好，但往往缺乏传统广告的形象效果，所以很多知名的企业依旧会选择传统的广告方式。

广告代理公司或代理人主要的服务对象是大型广告的广告主，一般的广告主没有那么大的广告投放规模，也没有那么多的资金投放众多的广告内容，因此，广告代理公司或代理人并不是广告变现中一定要存在的中间人。但那些大型广告主仍然选择同广告代理公司或代理人合作，因为这些广告代理公司或代理人不仅拥有丰富的广告发布资源和渠道，而且有着专业的发布经验，他们会帮助广告主精准对位，并对所有推广渠道包括传统渠道和新型的短视频渠道进行统一配置。

短视频商务团队代表短视频团队利益，同代理商、广告主沟通。

短视频创作团队包括文案、导演、摄像、演员、剪辑、配乐、发布等人员，他们负责短视频的具体制作。

在这里我们需要注意是，短视频制作并不是简简单单地为广告主拍摄的一部广告影片，它必须要创作出足够吸引人的内容，才能使广告内容在不知不觉中深入人心。可以说，内容才是短视频的灵魂，没有吸引人的内容，受众是不可能买账的，受众不买账，广告主就不会支付广告制作、发布费用，短视频拥有者就无法实现变现。

广告变现的形式，一般来说可分为几种，即软广视频、冠名视频、贴片广告、代言广告。

1. 软广视频

软广视频是相对于硬广视频而言，一般来说，与硬广视频直接宣传介绍产品或服务不同，软广视频将产品或服务隐含性地插入内容之中，通过能驱动人心的文字和画面间接宣传产品或服务，以达到与用户产生情感共鸣，将所宣传的产品和服务植入人心的目的。一般情况下，视频进入煽情阶段之后是植入软广的最佳时机。一些专门做某个领域短视频的创作者往往会接到相同或类似领域的软广，比如专门做美食题材的短视频制作者会接一些橄榄油、厨房电器等与美食素材相关的软广，专门做旅游短视频的制作者会播出某一特色旅游景点的宣传等。这种软广如果插入得好，往往会让受众欣然接受并产生消费欲望，可以取得很好的转化效果；但如果插入不当，就会引起受众的反感，会在短时间内失去大量粉丝。

2. 冠名视频

冠名视频是广告主用自己企业或产品命名某一节目、活动或短视频的广告宣传手段。在短视频中，这种广告宣传通常以字幕鸣谢、特别鸣谢等形式出现，比如某某食用油特约播出、特别鸣谢某某色拉酱等。最典型的例子是2019年举办的"618电商节"，为了打造品牌效应，京东特别在抖音上冠名发起了一场"抖出你的家乡味"京东挑战赛，活动期间共获得了超7.4亿的播放量，取得了非凡的广告效果。2021年6月，在四川省举办的巴蜀文化旅游走廊"百城行"大型采访活动中，自贡市举办了第三届原创短视频大赛，为宣传品牌，自贡银行取得了启动仪式的独家冠名权，并将比赛命名为"自贡银行杯"，成功地通过网络平台和短视频载体打造出了自贡银行的品牌形象。

当然，在软广短视频中，广告主也经常采用以某种产品为话题内容的方式，比如如何用某某酱油做出味道超绝的菜肴等。

但相对来说，冠名广告的成本比较高，只有行业巨头才有实力去做这样的宣传，但从以往的案例来看，其营销影响力远远大于一般的宣传广告。

3. 贴片广告

贴片广告就是广告主要求在短视频的片头、片尾甚至片子的中间等处播放的其商业广告，时长分别有5s、15s、30s、60s等不同种类。在专业术语中，片头广告被称为前贴，片中广告叫作中贴，片尾广告叫后贴。目前，咪咕视频、优酷、爱奇艺、腾讯等各大平台均开通了此类广告。除此之外，一些平台还开设有片中暂停广告、浮层广告、弹窗广告等多种播出方式，也给广告主更多的选择。

贴片广告虽然不能算是一种新的广告形式，早在网络刚刚兴起的时候就已经出现，但在收入方面，这种"旧式"的广告形式创造的价值相对可观，比如爱奇艺，它的CPC贴片广告收费按受众点击计算，受众点击一次，广告主需付费0.5元（起）。此外，还有一种被称为CPM贴片的广告，相较于CPC贴片广告价格较为低廉，其收费标准是1000次曝光5元（起）。

贴片广告是目前短视频制作者非常喜爱的形式，一方面这种广告不会打乱视频的文案和节奏，另一方面也利用片尾的5~10秒给自己创造收入，而且这种贴片广告也比较容易被广大受众接受，往往能取得良好的效果。

贴片广告的收费目前没有具体的标准，一般是根据粉丝多少与广告投放者具体商定。

4.代言广告

短视频的代言广告是指该短视频专门为某款产品或某种服务做宣传，当然，这种形式的广告要求你的流量必须超大才有资格。

需注意的是，短视频的广告植入必须符合用户的体验。因为短视频的特点本身强调的就是制作者与受众的互动性，如果制作者所植入的商品或服务不正规，或者有这种嫌疑，那么广告内容就会影响用户体验，用户参与度就不高，甚至可能中途退出，这些都是短视频制作者在变现过程中必须时刻注意的问题。要知道，在短视频广告逐渐泛滥的时代，人们难免对广告植入出现厌烦心理，很多人宁愿去看非常好看的硬广视频，也不会观看质量较差的植入性软广视频，这就要求短视频内容必须足够有创意，广告植入要做到新颖别致。

三、电商变现

电商，就是指那些以网络技术为手段、以商品交换为目的的商务活动，它可以称得上是互联网时代新型贸易模式的标志之一。

目前，移动端的电商分为两类，即一类电商和二类电商，其区别在于：一类电商就像是一个大超市，除了自营产品外，也有部分商家租用"柜台"售卖自己的商品，比如淘宝、京东等平台，它们就属于一类电商；二类电商就是小卖部，它们在各自的专卖店售卖各种物品而没有统一的仓储和管理，像抖音、快手等短视频平台的电商一般都属于这类电商。

在二类电商中有很多是内容电商，也就是说，它们是通过短视频内容来进行营销的，比如将某一商品或某种服务改编成故事，再通过短视频的形式给受众灌输产品或服务的特性和优点，通过这种"种草"的方式分享推荐，以刺激受众的购买欲望，最终达成交易。

短视频电商是在短视频兴起之后出现的一种新的商业形式，是电商功能特性的延伸。随着这种变现方式越来越流行、越来越受欢迎，大量的厂商、大V、著名博主、短视频制作者纷纷加入了这一行列，以电商变现方式来为自己的账号带来更多收入。

短视频电商大多通过视频讲解方式，用自己的专业知识给受众推荐产品，形成其特有的输出率高、转化率高的特点，最终实现变现。比如短视频电商"柚子cici酱"，这位出生在成都，拥有60多万微博粉丝、1800多万抖音粉丝的美妆博主、抖音人气网红，在其短视频作品中以"霸气御姐"形象定位，通过每次不一样的故事内容，在情节中清楚地展示产品优点，在不经意间实现了广告的软植入，深深吸引了大批受众，她的100多个短视频作品，都是关于"美妆"的剧情短视频，从生活到情感再到向职场转变，牢固树立了"柚总"这个形象。她的最佳业绩就是仅凭借一条视频就带来了超过2.5万只的口红订单，销售额达200多万元。

也有些电商采取直接描述产品特点的开门见山式介绍，同样受到了粉丝的欢迎。相对来说，这种销售方式更直接地建立了商品与粉丝的联系。比如，"宜家家居"的短视频，直接告诉你"宜家应该怎么逛"；"少女心杂货文具店"制作的短视频直接讲述各种产品的用途和购物心得等。这种方式对于那些没有多少时间挑选商品的粉丝来说，无疑是一种"福音"。

成立于2014年的"学买网"，立足校园市场，通过建设全国校园销售体系及各区域运营商模式，先后与浙江、广东的400多家学生用品厂家建立产品合作平台，使其在产品品类上达到了其他电商无法匹敌的高度，然后由区域运营商进行区域类的活动及推广落地执行，让"学买网"有了跨越式、多网点、更全面的覆盖。这个定位非常准确，成功撬动了一个万亿级的消费市场。

中国民间有句俗话，叫"开门七件事，柴米油盐酱醋茶"。可见，茶叶在国人心目中的地位是多么重要。多少年来，茶叶一直是中国百姓的举国之饮，在繁忙的工作生活之后，只要坐下来，喝一杯好茶，一天的疲劳顿然消失。茶，在我国既是常销品，又是畅销品，在众多的茶叶销售企业中如何才能走出一条自己的路呢？在竞争如此激烈的市场环境中，如何才能取得成功呢？

作为一家专业的茶叶直购平台，"好茶网"深知，任何一个平台都不可能做到一家独大，特别是在电子商务时代，消费者有了更多的选择，他们可以去淘宝、去京东甚至去大V处寻找适合自己的产品。为了能够做好销售市场，"好茶网"通过调查发现，虽然有这么多的商家在销售茶叶，但在细分领域和垂直领域，市场上还存在着许多盲点，比如，你要购买铁观音，在网上一搜，就会发现有几十条以上的选择。这实际上是给消费者出了一道选择的难题，是选贵的还是选便宜的？是选福建的还是选广州的？消费者会感到无所适从。

针对这种情况，"好茶网"首先在网页上对茶叶种类进行了细分，即将不同产地、不同口感的茶叶进行了详细的分类，为消费者提供了更专业、更直接、更便捷的点击入口。靠着清晰的市场分析和清新的页面设计、便捷的购物体验、优质的茶叶货源，"好茶网"在创办初期就得到了用户的认可。在推广上，由于没有大量资金的投入，"好茶网"没有进行大规模的宣传，而是从实际出发，推出了会员制活动：会员消费得越多，得到的优惠就越多。通过不断努力，"好茶网"终于在茶叶销售行业站稳了脚跟，并取得了良好的口碑和销售业绩。

四、增值服务变现

你一定使用过或者听说过移动推出的手机报、彩铃等业务吧？其实这就是最早的增值服务变现形式。现在的增值服务变现已经渗透到了各行各业、各个领域，其形式也变得多种多样、五花八门，比如最常见的会员、表情、皮肤装扮等付费内容都是变现的形式。据说，这些增值服务之所以能够成为变现的一种形式，是因为它们可以满足用户的个性化需求，提高服务的等级。

在这方面做得最成功的就是腾讯了。从QQ的会员装扮，到后来颇受争议并被许多人抵制的手游"王者荣耀"，腾讯公司单游戏纯皮肤收入一项，每天就有1亿多元盈利。根据2018年腾讯发布的全年财报，该年腾讯手游收入高达778亿元，仅王者荣耀的游戏营收就达到了130亿元。

在网络的世界里，增值类变现服务方式层出不穷，并有愈演愈烈之势。首先，这是因为这类产品的用户大多偏年轻化，这些用户大多都有追求个性化、刺激性和优越感的需求；其次，这类产品有着高黏性的吸引力，吸引着受众反复使用，有着深厚的用户基础；再次，这类产品中有些具有工具型的性质，当某些免费功能无法满足这些年轻人群需求的时候，他们往往就会选择付费使用，像百度云盘、阿里云盘以及一些免费教学视屏，如果你需要更多、更深入的内容或者更快的速度，你就必须付费使用。如百度云盘，在你没购买会员服务时，上传、下载速度只有几十或几百Kb/s，而成为付费客户，速度瞬间可以达到几Mb/s。对于那些个性鲜明的年轻用户来说，如果上传、下载的文件比较大，他们是没有耐心也不愿意等待的，在这种情况下，他们就只能选择付费购买会员资格。为了刺激更多的人花钱购买会员服务，百度云盘还特别推出了每天30秒高速试用时间，不断刺激消费者的购买欲望。各大网络游戏里的各种道具服装以及视频网站中的一些会员观看特权，使用的也是这种方法，就是不断设置障碍，诱使受众购买增值服务。

五、课程变现

课程变现，说得简单一点就是"卖课"，也就是一般情况下我们所说的知识付费，将自己或团队所拥有的各种各样的技能、知识拿出来变现，比如"教英语口语的漂亮姐姐""实用的PS、PR课程""手把手教摄影"等短视频课程。这种方式成本低、受众广、收益高，很适合有专业知识、专业技能的学习型人才应用，可以最大限度地为自己创造价值。

袁春楠就是将课程变现的一个很好的实例。2019年，她通过在喜马拉雅上讲述"让你脱胎换骨的人生整理术"获得了1.5万粉丝，课时费收入达到了6位数，并将讲述内容写成了图书，成功通过课程实现了变现。

六、咨询变现

咨询变现的道理很简单，就是通过提供咨询服务，答疑解惑，传播知识和正能量，并在咨询过程中把控消费者心理，促成消费。

咨询变现对内容创作的要求很高，创作者首先必须具有过硬的专业知识与技能，否则不会被受众所接受。另外，创作者特别是主播还要具备咨询师的素质，必须有能力帮助受众解决实际问题。

在咨询变现领域，涂磊可以算是一个成功的例子，这位曾经的资深节目主持人，如今已变身为短视频达人。

在个人抖音认证简介中，涂磊称自己为"中国首席情感导师"。毕竟，情感领域是他多年以来一直深耕的领域，从他做主持人开始，情感类节目就一直是他主攻的方向，他先后参与了《情感大裁判》、婚恋交友类节目《爱情连连看》、情感脱口秀节目《现在就告白》等情感谈话类节目。

在入驻抖音短视频平台后，涂磊依旧坚持输出情感垂类内容。在克劳锐指数研究院公布的"克劳锐榜单"中，他也被归为情感类达人。2020年期间，涂磊多次登上"克劳锐抖音红人影响力榜"，甚至多次成为榜单TOP1。

坚持输出情感内容的涂磊，在3年时间里成功积累了4 000多万粉丝，这些粉丝中，有一部分是他在主持节目时收获的"老粉"，这些"老粉"成功协助他完成了短视频市场的冷启动。在随后的时间里，涂磊依靠优质情感内容又吸引了网络新粉丝。

涂磊的粉丝主要为24～50岁的成熟女性，一方面，这个群体大多是已经结婚生子的人群，因此对于情感、婚姻和教育等问题非常关注，另一方面，这个群体又属于有一定的经济实力和消费能力的群体，其消费欲望也相对比较强烈。涂磊紧紧抓住了这个群体的这些特征，不断推出该群体喜欢的内容和服务，最终实现了变现的目的。

七、出版变现

出版变现方式是图书创作者或出版者以售卖书籍为盈利方式的变现手段,是短视频运营中最新出现的一种高效收益方式。

上面我们提到的袁春楠就是一个出版变现最好的例子,下面我们再来看看戴建业教授是怎么做的。

戴建业教授是个有趣的老爷子,在抖音上,他通过短视频给大家讲解中国古典文化,因为学识渊博、妙语连珠,在短短一周时间内就火遍了大江南北,视频播放达到3 206.7万次,获得117.5万次赞。

在短视频中,戴教授经常提到的就是他曾经出版过的图书《浊世清流:〈世说新语〉会心录》《无官一身轻,谁解陶渊明?》等,因为喜欢戴教授,粉丝们也逐渐开始喜欢他的书,抖音短视频给了他"推销自己"的平台和机会,他的书销售量一下子就有了质的飞跃。随后,戴教授又写了《一切皆有可能》《假如有人欺骗了我》等图书,并在抖音上预发了部分作品,结果,图书尚未发行就有了很多"预订买家"。

总之,无论哪种变现方式,流量要具备变现能力必须满足两个条件:

(1)流量要足够大;

(2)流量要具备转化率。

所谓流量要具备转化率,是指你所拥有的流量,也就是受众,必须具有黏性,只有有黏性,流量才能构成变现的基础。流量过小或者没有黏性,转化率必然会过低,阻碍最终变现。在互联网时代,流量为王的前提是流量要形成有效的转化,如果流量不能形成有效的转化,再多的流量也是无效流量。

第二节
微视频或可缩短变现路程

为了实现变现，短视频制作者必须做好三个步骤：首先要考虑如何获取流量，其次是考虑如何将流量转变为具有黏性的粉丝，再次是考虑如何通过粉丝群体实现短视频变现。

变现的路漫长且充满险阻，有时甚至会遇到难以逾越的障碍。在这个充满险阻而又漫长的变现过程中，你首先要保证短视频内容的质量，让你的短视频能够火起来，让尽可能多的受众观看到你的短视频；然后还要设置环节，设法使受众留言、询问，将这些受众变成你的粉丝，并最后经过沟通成交，变现。这个过程前前后后往往要经过七八个环节才能完成，既费时又费力，转化率却往往低得可怜。为了提高转化率，许多短视频制作者经常在私聊中偷偷摸摸地给受众发QQ号、微信号，将受众转移至QQ、微信，但这往往是平台所不允许的。但仅仅通过App进行沟通交流、买单变现，路径过于复杂和漫长，这成了当下短视频变现道路中突显的问题。

在这样的困局下，微信紧紧抓住了这个市场，推出了微信短视频。作为微信生态家族的一员，微信短视频具有其他短视频不具备的优势，它先天继承了微信朋友圈的各种功能，可以实现短视频与朋友圈的直接交互对接和无缝连接，减少了中间转换的各种麻烦，大大缩短了变现路径，有效地提高了转化率。有人认为，微信短视频具有自带流量的先天优势，或许可以成为5G时代最快捷的变现方式。

一、流量和流量池

什么是流量？什么是流量池？其中，什么是公域流量和私域流量？什么是公域流量池？什么是私域流量池？他们之间又有什么区别？在解释这些概念之前，我们先来打个比方。

假如你现在准备去鱼塘钓鱼，那么，你准备钓什么鱼呢？鲤鱼、青鱼还是草鱼（短视频变现的目标与对象）？为了钓到你想要的鱼，你需要准备好鱼饵、鱼线、鱼竿等相应的钓具（短视频策划、定位、拍摄等工作）。然后，你需要选择一个合适你的鱼塘（平台）。在选择鱼塘时，你首先要考虑的问题就是这个鱼塘里的鱼多不多，也就是这个平台的流量问题。平台流量是各个平台吸引用户的手段，如果鱼塘（平台）没有鱼，相信不会有钓鱼爱好者去垂钓的。这就是第一个概念——流量，即鱼塘里有多少游动的鱼。

但这个大池子里的鱼是自由游动的，可能出现在你的垂钓范围内，也可能出现在其他钓友的垂钓范围内，这些鱼（流量）就目前来说还不属于你，它是公共资源，即公域范围内的鱼，是鱼池（平台）为所有垂钓者（短视频制作者）提供的公共资源，就是流量池的第二个概念——公域流量。

现在，你通过打窝子等垂钓手段（投放短视频），将公域范围内的部分鱼汇聚在你的垂钓范围内，你就有了属于自己的流量，这就是第三个概念——私域流量。在你垂钓范围内经过的鱼有多少，你个人的私域流量就有多大，就像做传统销售，你能够拥有的有血有肉的用户数量，就预示了你的营销能力的大小。在网络时代，最能体现你拥有多少忠实用户的指标，就是观看你的短视频用户的多少和时长。

在传统的短视频平台上，你的私域流量只能通过平台所拥有的流量来汇聚，也就是说，平台的"好坏"直接影响收益，而且，平台为了维持有效的管理，往往会出台许多措施限制你的流量，就像鱼塘老板为了保证自己的收益，可能采取提前喂饱鱼或让鱼饥饿等营销手段来吸引垂钓者一样，你的收获往往会被鱼塘（平台）拥有者所控制。

现在，微信短视频出现了，你的垂钓方式发生了变化。你可以在大鱼塘旁边挖一个属于自己的小鱼池，构成专属于你自己垂钓的池子，并在里面放养一些属于你自己的鱼（微信朋友圈里的好友），这个专属于你个人的空间就是我们的第四个概念——私域流量池。

下一步，为了能钓到更多的鱼，你通过各种方式（或许是付费方式）与鱼塘老板达成协议，挖通一条连接鱼塘（平台）的小沟，以保证鱼塘里的鱼随时可以游到你的小鱼池里。相对于你个人的小鱼池来说，这个属于公共空间的大鱼塘就是公域流量池。

虽然你拥有了属于自己的私域流量池，但你也需要明白，你的私域流量池是由泛流量和精准流量构成的一个空间，这里面有泛粉（无需求用户），也有精粉（有需求用户）。在你的垂钓池里经过你垂钓范围的鱼又可分为路过的和要吃食的。路过的鱼对你不感兴趣，它们只是路过，只会简单浏览一下你的内容，"打个酱油"什么的，属于没有需求的用户，这些用户产生的流量被称为泛流量；而那些一定要吃你饵料的鱼，需求目标明确，始终对你保持关注，并与你产生互动，这部分鱼（用户）所产生的流量，被称为精准流量。

明白了流量、私域流量、公域流量、私域流量池、公域流量池和泛流量、精准流量这几个概念之后，我们要做的就是学会如何建立自己的私域空间，就像你在垂钓前需要准备适合的饵料那样，只有饵料合适，才能吸引更多的鱼，进而形成从流量获取、流量沉淀、流量运营到交易转化、分享裂变、复购达成的路径。从流量的沉淀到转化来讲，最常见的标配就是微信群+小程序，如果你有微信公众号，可以搭配公众号组合运营——公众号制作发布内容保证持续输出，为用户提供价值,小程序用于流量的变现,微信群用于与粉丝及时互动,建立情感连接,这就形成了我们下面要讲到的私域流量运营。

二、如何运营私域流量?

私域流量运营的目的主要体现在两个方面,一个是为短视频拥有者不断扩大粉丝群体,另一个,也是最重要的问题,就是通过各种手段塑造良好的形象,不断提升用户价值,最终实现短视频的变现。

那么,怎样才能高效地构建自己的私域流量呢?

第一步,注册短视频账号。你可以在抖音、快手、微信短视频等任一平台注册一个或多个属于自己的账号,也可以在不同的平台分别注册短视频账号。

第二步,建池子"养"号。私域流量的关键是要拥有属于你自己的那份流量,这些流量就是你朋友圈的朋友,没有这些朋友,你就无法展开后续的一系列变现动作。因此,注册好短视频号后,你的第一个工作就是把你朋友圈的朋友放在这个号里。

第三步,"裂变"。通过你的短视频和微信圈里的朋友不断进行宣传扩大,"裂变"你的朋友群体,然后对这些朋友进行分类,做好标签,标明他们的性别、爱好、年龄、兴趣等内容。

第四步，精准推销。根据标签内容，有选择地向你的这些朋友推销其可能需要的产品。

第五步，增加黏性。通过推销，你可以进一步了解这些"朋友"的需求，然后通过聊天、打折、相应的短视频内容等各种方式，增强相互之间的联络，以达到增加粉丝黏性的目的。

在上述这些步骤中，我们还应注意以下几点：

一是产品要过硬。没有好的产品，就没有好的市场。你运营的根本就在于产品的好坏：你的产品能不能吸引人？有没有过硬的质量？有没有能让"朋友们"掏钱买单的价格？比如你想做服装项目，那么你的产品包含了质量、价格、品牌、数量、服务等多种因素，这些因素都会影响到用户实际下单转化的效果。产品不好，流量再多，转化和复购的效果都不会好。

二是运营模式要贴心。私域流量更强调客户关系，没有好的客户关系就不可能实现变现。在具体运营中，我们可以采取聊天方式，通过和"朋友们"的不断交流赢得大家的好感，我们也可以采取温馨祝福方法，比如给朋友送上生日祝福、不定时发放小礼品、定时打折、销售奖励等小手段，会得到很多朋友的点赞，让朋友们觉得你是一个真实的人、一个可以信赖的人。

三是内容要过硬。只有打动人心的短视频才能吸取更多的流量，聚集更多的人气，才会产生裂变效应。

三、私域流量运营工具简介

目前，在网络上流行着很多私域流量"涨粉"工具，大家不妨了解一下。

1. 知你客服

知你客服是应用于网页、名片、微信公众号、微信小程序、小游戏和H5等平台客服消息的智能系统，可以进行模板消息、公众号群发、活码引流、自定义公众号菜单、公众号裂变等营销操作，其最大特点是精准群发、自动回复迅速、数据统计分析全面，可用于多客服协同办公、客户关系管理和手机便捷办公。

2. 涂色企服

涂色企服是一款专门用于社群运营的管理工具，其主要功能是解决社群管理难点，如获取粉丝，解决粉丝不活跃、运营效率低、收益不好等问题。

3. 进群宝

进群宝也是常用社群管理工具，其主要功能包括AI助手、智能活码、自动建群、自动补群以及销售上的分销等。

4. 星云留客

星云留客是一款针对微信的管理软件，主要功能包括管理、运营和客服三大部分，其中管理模块主要应对微信群管理、微信多群同步和好友统一管理方面；运营模块主要提供微信拓客、建群拉群、朋友圈运营和数据统计几大项内容；客服模块提供快捷回复、关键词回复等，对微信私域流量客户管理、客户服务运营转化具有很强的参考价值和推动作用。

5. 行秀

行秀主要应用于各方社群资源的链接，帮助各大领域的社群实现最终价值，是一款"一站式"社群运营工具+营销技术服务提供商运营工具。

行秀拥有社群运营、活动运营、微群直播、知识付费、社群电商等多个功能模块，并为用户提供一整套完整的营销系统，涵盖了知识付费、社交电商、活动营销、线下运营等多个领域，以帮助客户建设从引流、维护到变现的社群生态闭环。

6. 一起学堂

一起学堂是一款应用于微信视频的运营工具，主要提供微课多群同步直播、录课重播等运营手段，是微信视频内容传播变现的运营工具。

7. 腾讯云·企微管家

企微管家是企业微信的第三方管理平台，为用户提供多场景客户互动及管理、便捷的后台使用以及多种添加客户的方式等，是目前企业微信经营的工具平台。

8. 微伴助手

微伴助手是一款免费的企业私域流量运营工具，没有使用门槛限制。软件中设置有网页版后台，操作中不需要客户端就可进行企业群发、自动拉群、任务宝裂变等多种功能的使用。

9. 企微宝

企微宝同样是针对微信平台的小程序，可以使用免费测试版本，也支持付费使用正式版本。该程序设有独立的社群运营客户端，可以支持客户的大多数运营功能。

10. 灯鹿

灯鹿是微信一站式私域流量运营平台，具有基础的发帖、点赞、分享等基础功能以及数十种增值功能，如积分系统、活动系统、投票系统、支付系统、广告系统、抽奖系统、群发系统、涨粉系统等；另外，其"灯鹿粉丝圈"板块还支持个性化展示社区圈子，如自定义主题色、自定义域名、自定义导航、自定义分享等多种功能。

四、流量池标准规则揭秘

短视频制作者将短视频发布到平台以后，平台推荐的顺序一般分为种子流量池、初级流量池、中级流量池、高级流量池和王者流量池等几个阶段。

在你第一次将短视频发布到平台后，平台首先会把你的短视频放到一个被称为"种子流量池"的初级流量池里。种子流量池一般有300个用户，放入之后，平台会对这300个用户的反馈做出评估，评估的依据是完播率、点赞率、转发率、评论率和关注量。

在短视频中，这五个指数都是十分重要的，一般的爆款视频这五项指数都要高于一般的视频。因此，短视频的制作者在拍摄视频时，就要思考自己的短视频如何吸引受众点击观看、如何吸引受众完整观看短视频，并在观看完之后如何引导受众留言并参与讨论、点赞和转发。

如果评估效果好的话，你的短视频就会被放到初级流量池里，初级流量池的用户数是1万到10万不等，考察的标准与种子流量池类似。投放进初级流量池，意味着有更多用户将会看到你的短视频，代表你拥有了更多的机会。

如果你的短视频在初级流量池反馈也相当不错的话，等待你的就是可以进入10万～100万用户的中级流量池、100万～1 000万用户的高级流量池、1 000万以上用户的S级流量池，还有最高等级的全站推送的王者流量池。进入到王者流量池，你绝对是人生大赢家了。

进入王者流量池就意味着你的短视频成为爆款，并赢得了相当大的关注，但其难度也是相当大的。

抖音平台流量池推荐算法分为这样几级：首次曝光达到300次播放量，则可进行二次推荐；二次播放量达3 000次左右，进行三次推荐；如果三次播放量达1.2万～1.5万次，就进行四次推荐；四次推荐播放量达到10万～12万次，则进行第五次推荐；第五次播放量达40万～46万次后，进行第六次推荐；第六次推荐播放量达200万～300万次，进行第七次推荐；如果第七次播放量达到700万～1 100万次，就可以进行顶级推荐；顶级推荐是抖音的终极推荐，其流量池人数可达3 000万以上。

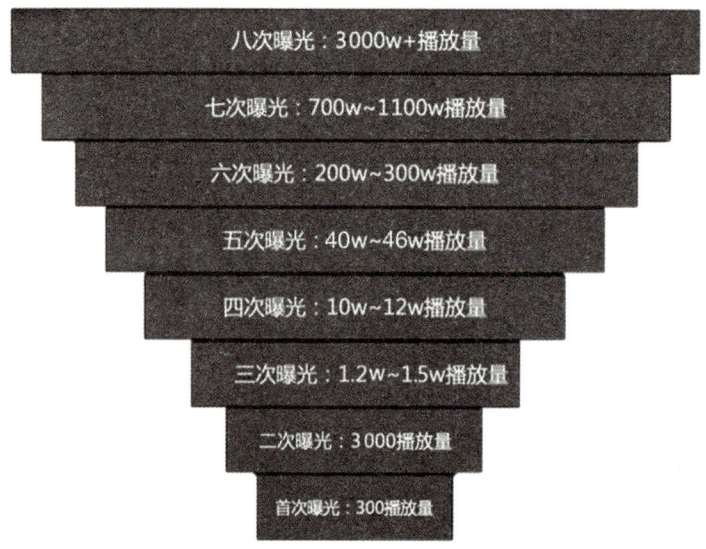

进入下一个流量池的要求为：完播率15%～30%秒内，新手最好达到7%；点赞比5%～10%；关注比0.8%，评论比1%，分享比1%。达到了这个标准，就可以进入下一个流量池。

除了平台推荐方法外，还有一个获取流量的方法，就是通过付费获得更多的浏览量，比如抖音官方推出的功能"抖加"，用户可以通过付费的方式获得更多露面的机会，一般是100元可以获得5 000次播放量，200元可以获得10 000次播放量。

刚刚出现不久的微信短视频是基于熟人社交基础的裂变，它是在你原有的个人微信好友和微信公众号的基础上开展的短视频和直播业务。可以这么说，在你开始进行短视频播放和直播的同时，你就已经拥有了微信好友和公众号受众这些自带流量。

在流量分发规则上，微信视频号目前采用的是"兴趣标签+定位+热点+随机推荐"的推荐机制，通过兴趣标签、地理定位和热点话题将优质的作品推荐给受众。兴趣标签是指系统根据用户的日常行为、兴趣、职业、年龄等进行划分，并给用户贴上的标签，比如运动爱好者、学生、职员等，经讨这样一系列大数据推算，平台最终推测出用户可能感兴趣的内容；定位就是找到用户的具体位置，然后微信视频号根据地理位置把短视频推送给同城者或兴趣相同及相近的人群，或者向某一特定地理位置的用户推荐同地理位置的短视频，比如"同一个城市""某一个旅游景点"等；热点话题是考察你的短视频是否紧跟实时网络热点事件，如果你的视频紧靠这些话题的话，往往能引起更多用户的关注，微信视频号就会将你的短视频内容推荐到用户。

在具体操作中，微信视频号采取以下原则：

（1）作者发布短视频内容后，微信短视频平台将首先推给已关注你视频号的好友。如果你的好友没有观看这个内容或没有评论和点赞，微信视频号的曝光推荐机制就不会被触发，你的短视频就不会得到推荐，无法进入下一个更高级流量池（当然，未来再次被推荐的机会也不是绝对没有）。

（2）如果你的好友对这个短视频感兴趣，并进行了互动及评论，推荐机制就会被触发,你的短视频内容就将进入更大的流量池,获得更高的权重;评论和互动的好友越多,短视频被推荐的概率就会越高。

(3)如果你的短视频被推送到了更大的流量池,那么如果你的大号也非常活跃,比如你经常使用它和好友联系、聊天、互动,那么这个大号也会被推荐给更多用户,使你的社交关系不断产生裂变。

可以说,微信视频号拥有一套更方便视频制作者获取流量的算法,而在其中,你的社会关系、内容价值和点赞、互动评论都相当重要。

第三节
社群运营加速变现能力

社群是什么？社群就是一个由众多人组成的群体，这个群体以社交关系链也就是朋友、朋友的朋友为基础，将有着共同需求或爱好的人们聚合在一起，比如考研群、二手交易群、流行群、COS群等。用定义的方式来说，社群就是有共同爱好、共同需求的人组成的群体。正是因为共同兴趣和爱好，才使得这样的群体或者说社群可以实现人与人、人与物之间的连接。在社群经营中，叮以提升营销和服务的深度，增强品牌影响力和用户归属感，为短视频行业的发展赋予新的驱动力，为其变现打下坚实的基础。

一、社群的类型与归属

社群可分为很多类型，比如有关于产品的社群，如华为粉丝群、大疆无人机群等，也有技术讨论型的社群，如摄影摄像技术群、PR技术分享群等，也有学习型社群，如考研群、数学群等。虽然种类很多，但不难看出，一个社群得以发展的基础，就是大家有共同的爱好或需求。

按目前较为流行的分法，我们一般将常见的社群分为三种类型：

1.付费型社群

付费型社群是社群成员需要付费才能享受服务的社群。在这种社群里，社群拥有者负责为社群成员提供资源和对接服务，社群成员通过付费成为群员后可以享受非群员不能享受的优惠服务或有针对性的服务。目前，付费型社群已经成为主流，其主要运作方法就是采用会员制，通过向会员预收费用的方法增加用户沉没，让会员留在"鱼塘"中持续消费。

2.产品型社群

这是目前网络上最多的一种社群形式，一般是由一群兴趣爱好相同或相近的用户聚在一起组成的群体。他们可以在社群里交流经验、讨论自己感兴趣的问题，并通过协作解决问题，用"蜂群效应"对某些类型的产品产生"烘托"或"贬低"作用。这样的社群往往会对商品的销售产生一定的影响。

不要以为只要把一群人拉到同一个微信群，把货卖给他们，就能组建成产品型社群了。要经营好一个产品型社群，有很多诀窍，其中最重要的就是，你要做出自己的特色，让别人无法轻易复制，并且能通过各种社群运营手段，让用户得到实惠并产生参与感。

目前，产品型社群主要适用于微商或者电商，这些微商或电商可以通过这样的社群将精准目标用户圈定起来，通过各种情感交流和营销手段，达到购买和复购的目的。

3.流量型社群

与产品型社群不同，流量型社群的盈利模式是通过聚集流量来推广产品，它是以浏览量的众多来取胜的。当然，流量型社群有时也会售卖产品，但这个产品往往不是群主自己的，也不局限于产品类型，比如我们现在经常见到的拼多多砍价群、电影下载群等就是这类社群。

二、通过社群提高变现能力的要诀

有了自己的社群，有了自己的流量，应该怎样运用才能加速社群的变现呢？

在传统营销学上曾经有过著名的AARRR理论，2个A分别是Acquisition（获取用户）、Activation（提高活跃度）的缩写，3个R分别是Retention（提高留存率）、Revenue（获取收入）和Refer（自传播）的缩写。这5个单词对应着销售时用户周期中的5个重要环节。

所谓万变不离其宗，网络的发展，时代的变化，变化的只是形式，其核心内容依旧没有变。社群运营的本质同样适用传统的AARRR模式，也无可避免地需要经历AARRR即用户获取、激活、留存、获取收入、传播这五个重要环节。但要想建立能够健康运行的社群，让各项运营指标顺利进行并最终完成收入指标，还需要适应新的形势。

从短视频吸粉到建立和运营粉丝社群的整个流程，我们大概需要这样几个步骤：

（1）通过优质的短视频内容来获取用户关注；

（2）积累了一定粉丝之后，可以在短视频平台主页、视频留言区发布微信号或QQ号，通过微信或QQ建立粉丝群；

（3）把这些人群变成真正有价值的粉丝，你也可以专门开一个小号来经营你的粉丝群；

（4）在大号或小号中经营产品等内容，实现变现。当然，现在你也可以直接在微信视频号中运营视频号，省去在微信或QQ粉丝群中的麻烦。

如果没有公司或朋友帮你建立和运营粉丝群，那你就需要自己学习一些社群运营术，要知道，谁能够完整地打通由内容到社群的整个环节，谁就拥有了强大的竞争优势。

粉丝社群是一个非常好的导流和变现的渠道，那么，它的运营技巧一般有哪些呢？

1. 核心价值观与优质视频内容

内容是短视频的关键和核心，只有创作出优质的、与粉丝关系密切的视频内容，说出粉丝想说的话、提供给粉丝们想要的产品，才能算是优质视频。当然，优质短视频的首要条件是三观正确，并且拥有粉丝喜欢的形象。就像以色列作家尤瓦尔·赫拉利在他所著的《人类简史》中提出的那样：智人与其他动物最大的区别，就是智人能够虚拟出故事，并凭借虚拟出来的故事，创造出了各种概念和智人共同的目标和信仰，并为之互相合作，创造出了无数的奇迹。短视频内容就是要创造出社群甚至全社会共同关心的话题和价值观。

2. 聊天与互动

在社群里，互动是非常重要的，它发挥着情感黏合剂作用，比如给粉丝祝贺生日、庆贺结婚纪念日等，这种聊天本身就是一种行之有效的社交行为，运用到社群里，会让粉丝倍感亲切。

聊天的基本功能还能让你快速找出和粉丝们的共同话题，比如所在地点、兴趣爱好等都是开放式聊天的常见话题。这就需要你平时多下功夫，积累知识，并善于抓住时事热点话题，以特有的方式表达出来。

短视频选题有很多种选取方法，可以在和粉丝们的聊天互动中找灵感，比如共同感兴趣的社会热点话题，粉丝们共同关心的领域，也可以在社群中征集粉丝们感兴趣的内容，甚至标题、文案，也可以在社群里公投，集思广益，让粉丝们告诉你他们想看什么东西，这样既增加了与粉丝的互动，让你的人设更加亲民，还能够准确地把握粉丝对内容的期待，同时也更容易获得粉丝们的点赞、留言、互动和转发，提高视频的互动率，并由互动率再次带动平台对短视频的投放，就像前几年在网上十分流行的话题"如果让你回到10年前，你会对那时候的自己说什么"，一经推出就引起了上百万粉丝的转发和留言。

3.会员制留存客户

当你有了一定数量的粉丝后，可以采取会员制的方法留住粉丝，比如设置会员专享优惠的爆款商品，一来吸引更多的粉丝成为会员，二来可增强购买的黏性。对于高频消费类产品的经营者，还可采用会员储值的形式来提升客户的消费频次。总之，这种手段就是明确告诉粉丝：成为会员，可享受特殊优惠。此外，"群接龙+红包"也不失为一种可行的形式，既带动了群的活跃度，也刺激了习惯性"潜水"的用户，是社群运营一个有效运营手段。

4.训练营

训练营是一种常见的促活手段和变现模式，比如"7天英语学习营""14天减肥实战营"等。训练营更像一个学习场景，让一起减肥、一起学英语、一起野外训练的粉丝在短时间内形成一个聚合的场景，这能有效激发用户的积极性，实现变现。这类训练营通常采取付费入群的方式，所以不用担心人群不精准的问题，关键是要做好训练营的宣传造势、会员招收、流程设计、积分体系、奖励机制、小组分工、仪式感的营造。

5.日常促活与留存

日常促活经常采用的方法有小程序签到打卡、晨读打卡、送积分、积分商城、拼团日、秒杀日等完整的营销手段，其目的在于增强客户的活跃度和黏性。

6. 限时抢购与限量抢购

限时抢购的策略可以控制用户购买的时长，长则几天，短则几个小时，这样可以加大用户可能买不到该产品的恐慌心理，让用户在最短时间内做出购买决定，我们最常见的秒杀就是限时抢购的一种。

相对于限时抢购，限量抢购操作起来会更简单一点。限量抢购核心是通过限制购买名额或数量，制造供不应求的现象，让用户在消费冲动中产生购买行为。

7. 线下活动

人是社会性动物，线下互动更能增加人与人之间的亲密感。你可以仔细分析社群成员的痛点和兴趣，设计一系列吸引群员及相似人群的线下主题活动，如啤酒沙龙、文化展览、交友游戏等，这样可以更好地调动社群粉丝活跃度、提升群员黏性，并且通过社群成员的宣传转发，吸引更多的粉丝。

三、深入了解产品

我们是否可以这样说，99%失败的转化，都是因为没有深入了解产品？

一个产品被研发出来，一定有它的作用，一定会满足特定人群的特定需求，只有解决了产品与用户的匹配问题，才能真正实现变现。

那么我们该如何找到和产品匹配的用户呢？

第一，我们要仔细阅读产品的详情页，了解产品的卖点，如果是你自己设计生产或创意的产品，那么在设计之初，你就应该确定好产品的卖点和定位。

第二，在产品设计之初和销售之前，必须做好用户调研，比如这个产品的特点针对的是哪些客户？解决了客户的哪些难点？产品的目标客户在哪里，消费能力如何？

第三，要清楚产品卖点。既然明白了用户人群特征，那么下一步就要弄清楚产品的卖点，也就是同其他相似的产品比较，我们的产品优势在哪里？不同之处在哪里？是价格上有优势还是功能上有优势？明确了这些内容，我们就可以制订出明确的宣传和销售计划，使产品迅速变现。

四、通过复盘把经验变成变现能力

同公众号写文章看阅读量、贴吧发帖子看浏览量一样，短视频也有自己的数据，那就是完播率、点赞率、转发率、评论量和关注量等。要想做出爆款短视频，必须学会分析数据，通过复盘把你的经验变成你的变现能力。

1. 用数据检验内容质量

首先我们要看完播率和退出率，如果完播率高，说明内容可以留住用户粉丝；如果退出率高，那就说明内容还不够吸引粉丝，可能是画面的问题，也可能是文案的问题，或者是标题和视频内容不符。其次，我们还可以分析平均播放时长，这样就可以知道用户基本是从哪里退出视频的，比如一个1分钟视频，平均播放时长只有20秒，那就需要我们分析0～15秒这段区间的内容是否能抓住用户。再次，我们还要看转发量、点赞量，除了分析自己转发量高的视频外，还可以多观察别人视频的转发量，分析为什么会引起转发，它抓住了用户的什么心理或什么需求。

2. 依据数据调整内容方向

通过播放量、点赞数和互动数分析，你就可以简单判断出你的粉丝对哪些视频有兴趣，他们对你所做的哪种内容最感兴趣，点赞多的有什么特点，留言多的是什么内容。这样，你就可以判断出你的短视频下一步的走向。

无论你是一个人，还是有一个内容制作团队，都要选择自己喜欢且擅长的方向进行创作，比如你喜欢做饭，那就开个美食号；你喜欢打游戏，那就当个游戏博主；你喜欢讲故事，那就尝试拍拍Vlog；你喜欢旅行，那就讲讲路上的见闻。总之，你的短视频一定要体现你的特长，不要假充行家。

3. 依据数据反馈优化运营

运营是短视频重要的环节之一。通过研究和记录你的短视频发布时间和对应数据，总结出不同平台的特性、调性以及哪个时间段发布可以获得更高的播放量，你就可以根据这些来寻求规律，进一步优化运营。

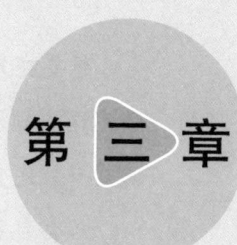

三个定位，锁定短视频变现之路

想要在短视频领域疯狂引流，必须清楚自己擅长的方向，锁定这个领域，充分发挥自己的能力，在该领域大展拳脚，这就是自我定位。

只有自我定位准确，才能在短视频领域发挥出先天优势，争夺流量池，并最终实现变现。

第一节
短视频所涉及的领域

短视频变现本质上是一种内容营销，大多数短视频制作发布者都是以短视频作为自己的谋生手段或额外收入，其最终目的其实就是变现，当然也有不少只是出于兴趣爱好制作短视频的作者。但无论出于何种目的，短视频制作者都希望赢得粉丝的点赞、评论和转发。要达到这个目的，你就必须选择那些自己最喜欢和最擅长的领域。一般而言，只有在你最喜欢和擅长的领域，你才最有发言权。

就目前的市场分析，比较火爆的短视频主要集中在时尚街拍、旅行攻略、才艺展示、美食吃播、可爱萌宠、干货分享、商品测评、情景短剧、化妆美颜、影视评论、娱乐搞怪等领域。

时尚街拍：新时代的年轻人追求自由，崇尚无拘无束的生活，街拍最能真实、自然地展示时下流行的内涵，展现时代最亮丽的风貌。

街拍源于欧美文化，是由时尚杂志催生的产物，它能够在现实生活的街头巷尾捕捉到最新鲜、最时尚的元素，把街头流行信号释放出来，深受年轻一代的喜爱。

不过时尚街拍对专业性要求比较高，拍摄者不仅要精通摄影摄像技术，更要成为时尚内容行业的引领者，对时尚流行趋势、流行要点等要了然于心，并从被拍摄者穿着打扮的细节、品牌等背后的意义展示出当下时尚的元素。而且，时尚街拍还要注意肖像权的问题，如果被拍者不同意拍照，就应立即停止并删除已拍摄的内容，避免法律上的纠纷。

旅游攻略：随着人们生活水平的提高，旅游出行早已深植于百姓生活。旅游攻略类短视频就是为这些喜欢旅游和即将出行的受众拍摄的。这些短视频的内容包括景区景点美景展示介绍、当地人生活场景、旅途注意事项、旅游消费指南、特色美食、"防坑"技巧等内容，覆盖了吃住行游购娱等各个方面，满足了用户既想花钱少，又想玩得好，既不想错过经典景点，又想体验人文风俗的消费心理。

可爱萌宠：晒萌类短视频和直播主要通过展示萌宠可爱的行为动作的照片和视频吸引观赏者互动、点赞，一般情况下还会有宠物喂养方法分享、宠物用品介绍等内容。这类短视频关键是以萌制胜，利用各种动物的萌态达到快速吸引目光的效果。在创作这类短视频时，要尽情展现宠物的可爱之处或一技之长，以萌化人心，从而获得人气和点赞、转发。

化妆美颜：化妆美颜类短视频包括发型和妆容。这类短视频主要通过展现短视频中人物化妆前后的反差来体现化妆美颜效果，同时教给受众最新、最流行的化妆方法，有些短视频还相应地介绍一些化妆界的知名人物。这类短视频的覆盖面一般是业界的专业人士或年轻的女性受众。

情景短剧：情景剧是来自美国的一种轻喜剧，一般是室内戏，不用外景，长度控制在25分钟左右，通过简单的镜头切换制造喜剧气氛，所以到了中国就被叫作"情景喜剧"。在网络时代，人们通常把带有一定故事情节的短视频称为情景短剧，这时候的情景短剧已经不一定带有喜剧成分了。

在选材上，情景短剧剧本的选材范围非常广泛，大家可以根据需要自行选取，但一定要同时兼顾平台的用户群体以及自己的目标客户，根据他们的需要决定拍摄内容，另外，要把控好短剧本的笑点或矛盾冲突，给观赏者带来视觉或心理上的冲击，引发用户的共鸣。

干货分享：干货分享类短视频主要通过某种技能、技艺、知识的分享令观众受益，比如你是PPT高手，就可以和粉丝一起分享你的经验和技能，如果你是动画大师，就和粉丝一起分享动画的制作技巧与技能。这类短视频对实用性要求很强，一般要能切实解决用户的问题或困难，或者确实提高了用户的观看体验，效果才会明显，才能最终实现变现。

商品测评：商品评价短视频是依据科学实验或使用实践对某种产品做出的评价，一般是制作者根据客观的、科学的定性及定量评价体系，对某种商品从外观到性能、从规格到材质再到使用寿命等方面的商品内在价值进行中肯评价的短视频。这类短视频一般是先"测"后"评"，然后根据科学指标或质量标准分析结果，作出评价，分享给用户，目的是帮助用户从众多商品中筛选出质量有保障、体验好、适合自己的商品，从而促成消费。

商品测评的关键是测评人一定要保持客观公正的态度，通过功能检测、使用体验，做出数据分析和客观评价，使用户对所需商品做出购买行为。

直接营销：直接向受众介绍并宣传某种商品以促进购买行为的短视频，一般这种短视频均为微商或电商所拍摄，是内容电商的营销手段之一。

这种营销手段通常被称为"种草"。所谓"种草"是目前较为流行的网络用语，是指商家通过分享和推荐某一商品的优良品质以激发他人购买欲望的行为。根据内容和形式的不同，"种草"可分为促销型种草和纯种草两种模式。促销型种草是指通过向用户展示实物商品、讲述商品优点的手法，刺激用户的消费欲望，以最终达成销售目标，现在的直播、短视频的"种草"绝大多数都属于这种类型。"纯种草"实际上就是宣传某一或某些产品的性能和优势，就像曾经的形象广告一样，让商品的形象深入人心，但不主动推销和销售该产品，传播这类内容的账号被称为"纯种草"账号。

才艺展示：也叫艺术特长展示，需要展示者精通某一艺术领域或技巧和能力在该领域达到一定的高度，它不仅为短视频制作者或主播提供了一个展示的平台，同时，也能够满足广大受众对视觉美和内容趣味性的需求。

才艺展示包括演唱、舞蹈、乐器演奏、曲艺表演、书画摄影、厨艺展示等。这类短视频特别强调表演的观赏性和受众娱乐性，是目前短视频中比较流行的一种形式。

视频博客：又称影像博客，英文名称为Vlog，全称Video Blog，即视频网络日志，是创作者（Vlogger）用影像方式创作的个人日志。这种形式的短视频主要记录创作者生活的点点滴滴，其题材非常宽泛，可以是时事新闻的记录，也可以是创作者日常生活的零星感悟和琐事。

纵观网络，现在平台上短视频五花八门，可以说是八仙过海各显其能，就如当年的那句流行语"只有你想不到的，没有你买不到的"。但无论是何种门类、何种内容的短视频都逃不掉面对变现的考验，即使是那些纯自娱自乐者，为了维持自身的成长，最终也不得不面对如何变现的现实。

第二节
锁定你最喜欢或最擅长的领域

每个人都有自己的专长，或者在某件事情上拥有比其他人更强的能力。英国经济学家大卫·李嘉图曾经提出经济学上一个非常有名的法则：比较利益。《抉择》一书作者、英国经济学家罗素·罗伯兹把大卫·李嘉图提出的比较利益法称为间接致富方法，其大意是：如果你擅长做某一件事情，就去做某件事情，因为在做这件事的时候，你会比其他人花费更少的精力，却能得到比别人更大的收益。他说，聪明人懂得利用自己的专长，让自己的专长获利极大化，而将自己不擅长的事情交给别人去做，这就是聪明人的致富法则。

做自己擅长的事情往往更容易成功，因为在自己擅长的事情上，不仅做起来更得心应手，而且还能将自己的优势和其他感性的内容相结合，制作出独属于自己的特色内容，吸引更多用户。

如果你觉得自己没有什么擅长的事情，也不知道自己的优点和长处是什么，那也没有关系，不妨先从自己喜欢的事情入手——所谓兴趣是最好的老师。找到你喜欢的那件事，将它作为你的短视频账号定位，然后尽最大努力去做这件事，将它做到最好。

做你最专注的事：认真回想一下自己做什么事情时最为专注。当你真正喜欢做一件事的时候，你往往会全神贯注，废寝忘食。

做自己亲身体验的事： 如果你喜欢旅行，对旅行有一定的积累和知识，那就去做关于旅行的短视频；如果你喜欢健身，并取得了一定的效果，那就不妨通过短视频把你的经验分享出来；如果你喜欢美食，吃遍了大大小小上千个菜品，那就做一档美食短视频，在平台上和粉丝分享你的经验和感悟……这些亲身经历带来的丰富经验，就是你的优势所在。

做自己被称赞过的事： 回顾一下，你做过的哪些事被别人称赞过？别人称赞最多的事情又是哪些？比如有人夸你心灵手巧，编织出的东西被周边人哄抢；或者你的歌声非常悦耳，每次聚会上你都被邀请引吭高歌；再或者你钓鱼的技术非常高超，每次垂钓都能获得比别人更多的渔获……那你就不妨从这些事情入手，通过短视频分享你的经验、表演你的才艺。

做自己的专业技能： 你的专业技能是什么？你是时装设计师？你是纯粹的农民？或者你是急救医生？无论是什么职业，你都拥有别人所没有的专业技能，时装设计师可以讲述时装的构成元素和流行趋势，农民伯伯可以介绍田间地头的劳动技巧，急救医生可以普及医学常识和急救知识……只要在某些领域拥有别人所不具备的知识和技能，在这些领域里你就是专家。

记住，每个人都有属于自己的优势，只是有些优势显露在外，有些却隐藏较深，只要你在实践过程中不断充实和挖掘相关领域，就会获得成功。

在确定了自己所擅长的领域之后，你还要注意短视频的垂直性和精准性。

所谓垂直性是指内容定位方面，不要贪多，不要面面俱全，而是专心制作你擅长的领域，在该领域下功夫，做到精准和优质。比如你做旅行短视频，就要专心在旅游的吃住行游购娱上下功夫，为受众提供精准的服务，而不要一会儿社会话题、一会儿娱乐八卦，这样不仅会使受众难以接受，就是平台也不知道该把你的视频放在哪个领域。

第三节 做出个性，避免雷同

在短视频领域竞争日趋激烈的年代，我们不仅需要深入了解相似短视频的定位、内容、受众等情况，还要根据自己的特点和定位及时调整自己的内容和运营策略，不断细分用户群体，找到自己的精准定位，避免雷同。

一、精准定位和竞争分析

要想做到精准分析、定位，离不开两个要素，一个是自身优势，一个是受众人群。

1.对用户和内容进行精准定位

要把短视频账号运营好，短视频创作者必须通过科学、专业的分析，挖掘用户需求，找到自己的定位，以便做出更能吸引用户眼球的短视频。

创作者需要准确分析和把握以下3个问题：

（1）核心价值：所谓核心价值，就是你的短视频能够存在的最基本和最持久的理念，简单说，就是你要始终如一地传达给用户什么样的思想、什么样的价值观，它是你的短视频从始至终贯穿在整个内容传播、销售方式、组织行为中的基本思想。

在创作过程中，短视频创作者不仅要给自己的短视频设计细节、定位内容，更要给短视频赋予核心价值，这个核心价值不仅体现出你的三观，更可以让受众在观看过程中赞同你的观点，并为你的观点和结论点赞、转发，为你的短视频带来更多的流量。

（2）用户习惯：用户习惯决定着你的短视频是否被观看、关注和转发，是决定你的短视频是否能拥有更多流量的关键。所以，在短视频制作之前，你必须对你锁定的受众的行为方式、消费习惯和情感喜好等进行细致分析，把握受众喜欢的关键点，这样才能使你的短视频符合用户的心理和需求，从而增加点击量。

（3）延伸服务：指在常规服务以外商家为用户提供的进一步服务。在短视频市场，延伸服务是指与受众的交流和沟通。

延伸服务是帮助短视频创作者获得更多流量的一种手段。短视频做得好，并不意味着流量就一定会好，在短视频之外，商家与受众之间的互动同样不可忽视。一个经常与受众沟通、时刻关注用户体验的商家，会得到更多的好评和转发，沟通在这里起到了非常关键的作用。

2.竞争对手分析

避免雷同，做好自己，以独特、个性的内容和服务沟通方式做好经营，是短视频成功的关键所在。而要做好这些工作，对竞争对手进行细致的分析是必不可少的。竞争对手分析一般从研发阶段就要着手进行，并一直延伸到运营和售后的各个阶段。

研发阶段：首先要对相似的或有可能成为竞争对手的短视频内容进行分析，如短视频内容的设计、质量等，找到用户感兴趣的关键点；然后根据自己的特长和核心价值，确定自己短视频的方向，并有针对性地创作出符合用户喜好的短视频作品。

运营和售后阶段：在运营和售后阶段，我们要通过自己短视频的用户体验效果、受欢迎原因、点击量和评论等数据，与相类似的短视频数据进行比较，从中找到不足，及时找出自身账号所发布的内容及在运营过程中存在的优缺点，设置好发布时间与发布频次，保证发布的短视频能够获得平台的持续推荐。同时，要积极同用户沟通，回答用户提出的问题，提高用户的黏性。

3.取长补短，从对手那里吸取经验

在进行深入、细致的类似产品或竞争产品分析之后，你要做好分析报告，对体验环境、市场状况、需求状态、竞品对手、商业模式、产品模式、运营及推广策略等进行详细的归纳和总结，以帮助你和你的团队更好地找到短视频内容创作的切入点，优化自己的账号定位和运营方式，从而有效地提升竞争优势。

二、创新风格，走别人不走的路

2020年以后，可以说是短视频爆发的新时代，似乎到了人人都在制作或观看短视频的时代，但实际上反响平平的短视频还是占绝大多数。在这种情况下，我们怎样才能使自己的短视频不会石沉大海呢？在我们的短视频已经达到观众定位明确、内容定位清晰时，我们要具有怎样的形式才能吸引用户的注意呢？

就目前短视频市场来看，比较受欢迎的风格一般有以下几种：

1.脱口秀形式

这是目前短视频市场中非常普遍的一种形式。短视频创作者或主播以脱口秀的形式来讲解身边所发生的事情，比如身边的新闻、身边的故事等，或以这种方式讲解汽车、图书、家电等商品。这种形式最重要的特点就是通过娱乐的形式为受众提供有价值的信息，并吸引受众关注、点击，参加到该短视频的社群中。

就目前来看，这种幽默诙谐的形式得到了受众的热捧。

2.短剧形式

即通过剧情把中心思想展现给大家，这是短视频中难度最大的一种，其所要付出的成本也最大。就像拍摄一部电视剧一样，短剧形式的短视频首先需要一个好的脚本，此后还要经过拍摄、后期制作等多个步骤才能完成。虽然过程如此复杂，但短剧形式往往比其他表现形式更容易取得成功，更易引起受众的关注。

3.生活Vlog

生活Vlog是记录生活的一种形式，它通过短视频形式展现制作者美好而有趣

的生活点滴，比如旅途见闻、富有特色的生活情调等，是比较"接地气"、接近百姓生活的一种表现方式。

4. 模仿形式

模仿相对于原创要简单许多，它的好处就是不需要做太多的文案，只需临时发挥即可。但模仿形式对模仿者的要求很高。

5. 歌舞形式

音乐舞蹈类短视频是目前短视频市场最庞大的视频种类，这类短视频的受众甚多，制作者也往往是来自艺术界的达人。

6. 恶搞类

因为能带给受众欢乐和放松，恶搞类短视频目前受众群体非常庞大。恶搞视频虽然广受欢迎且能迅速、大量传播，但此类短视频需要严格注意尺度。

在当今这个开放的年代，短视频的形式多种多样，相信在未来还会有更多受用户欢迎的形式出现在短视频这个大家庭中。

第四章

一秒抓住人心——短视频文案法则

无论你选取什么题材，也无论你采取什么样的叙事方式，短视频文案的第一要则就是触及人们的情感深处。只有触及人们情感深处的短视频才能感人，才能受到粉丝的欢迎。

让我们来阅读一下网上非常流行的一篇报道吧！

1999年，土耳其发生了大地震。

地震后，许多房子都倒塌了，各国来的救援人员不断搜寻着可能的生还者。

两天后，他们在废墟中看到一个令人难以置信的画面——一位母亲，用手撑地，背上顶着不知多重的石块。一看到救援人员，她便拼命哭喊："快点救我的女儿，我已经撑了两天，我快撑不下去了……"

她7岁的小女儿，就躺在她用手撑起的安全空间里。

救援人员大惊，他们卖力地搬移周围的石块，希望尽快解救这对母女。但是石块那么多，那么重，他们始终无法到达她们身边。

一旁的媒体记者拍到了这样的画面：救援人员一边哭，一边挖，辛苦的母亲则苦撑着，等待着……

看着电视上的画面和报纸上的图片，土耳其人都心酸得掉下泪来。

更多的人纷纷放下手边的工作投入救援行动。

救援行动从白天进行到深夜，终于，一名高大的救援人员够着了小女孩，将她拉了出来，但是……她已气绝多时。

母亲急切地问："我的女儿还活着吗？"

以为女儿还活着，是她苦撑两天唯一的理由和希望。

这名救援人员终于受不了了，他放声大哭："对，她还活着！"

……

读了这篇报道你会有怎样的感受呢？在唐山、在汶川，我们又有过多少这样的故事呢？

第四章 一秒抓住人心——短视频文案法则

第一节
波澜与曲折——制造悬念和误会

短视频要离合变化，曲折生姿，才能抓住受众的眼球。就像高山有起有伏，流水有高有下，撰写短视频脚本也是一样，要将短视频内容写得像高山起伏，波浪翻滚，才能有内容的抑扬、情节的跌宕、结构的开合。那么，怎么才能将短视频写得波澜起伏、引人注目呢？下面，我们就介绍一些常见的方法。

一、悬念法

悬念是指作者为了激活读者的"紧张与期待的心情"，在艺术处理上采取的一种积极手段。简单说，悬念就是提出问题、摆出矛盾，或者故设疑团，引起受众关注，其特点是先将怀疑"悬"在那里，故意不揭开谜底，让受众产生种种猜想，最后，再给受众一个意想不到的答案。关于悬念，大家不妨看看希区柯克的电影作品。

悬念包括"设悬"和"释悬"两个方面。前有"设"，后必有"释"。通俗地说，就是情节发展中只亮出谜面，藏起谜底，在适当的时候再予以点破，使读者的期待心理得到满足。

悬念的构成，主要依靠以下条件：①人物命运中潜伏着危机；②生与死、成与败均有可能出现，存在两种命运、两种结局；③发生势均力敌而又必须有结果的冲突；④人物的语言、行为和性格是否能引起观众在感情上的爱憎；⑤观众对未来事态发展的趋势并不清楚。

合乎逻辑的剧情和受众对人物的强烈爱憎感情，是悬念的两个重要元素。悬念的运用必须新奇而真实，这样才能曲折、有魅力，才能引起受众继续观看和思考的兴趣，从而出奇制胜，取得良好的效果。而且，通过悬念的设置与最终矛盾的解决，能直接展示事件的内在蕴含，刻画人物的内心世界，可以使短视频变得有血有肉，题旨得到升华。

与小说、电影不同，短视频因为篇幅较小，时间较短，且为了在第一时间吸引受众的注意，一般会将悬念安排在短视频的开头，很少像电影、电视剧或者小说那样，可以随意把悬念安排在故事的开头、中间或者结尾。

二、误会法

误会法就是在短视频的开头描述一个人对另一个人产生误会，也可放在中间安排双方的误会，从而引发矛盾，造成故事情节的发生和发展。

运用误会法要遵循新颖、出乎意料的原则，这样才能写出情节的波澜起伏，更好地抓住事物和人物的特征，使整个短视频引人入胜，含义深长。

这里我们来看一个众所周知的小故事：

很久以前，阿拉斯加的一对年轻人结婚了，不久，一个胖墩墩的男孩儿降生到了这个家庭，但年轻的太太因难产离开了人世。

年轻男子又要忙工作，又要忙家务，因为没有人帮忙照看孩子，他就开始训练一条狗帮他照顾孩子。那条狗非常聪明，很快就学会了如何照顾小孩，它经常咬着奶瓶喂奶给孩子，就像抚养自己的孩子一样。

一天，主人出门去了，出门前，他叮嘱狗子要好好照顾孩子。

因为突降大雪，男子当日没能赶回家。第二天一早，当他打开院门的时候，狗立即闻声跑出来迎接主人。他打开房门的时候，眼前到处是血，抬头一看，床上也沾满了血迹，孩子却不知去向，男子低头仔细看了看狗，发现狗的身上、嘴里都是血。主人看到这种情形，以为狗子在他不在的时候狗性大发，将孩子吃掉了，愤怒之下，他拿起刀来猛地向着狗头劈去……

忽然，男子听到孩子的声音，又见孩子从床下慢慢爬了出来。男子赶忙抱起孩子仔细察看，发现孩子虽然身上有血，但并未受伤。

他不知道究竟发生了什么，就走到狗的尸体旁边，看到狗腿上的肉已经被咬烂了，旁边有一只死狼，口里叼着一块狗肉。这时，男子恍然大悟，原来是狗救了小主人，却被主人误杀了！

三、巧合法

所谓"无巧不成书"，巧，就是巧合，巧合法就是利用偶然发生的与常理不合的事件来构建故事结构的方法。在短视频中，巧合是一种常用的叙述手法，它可以把本来互不关联的人或事以一种独特的方式联系在一起，增强短视频的故事性和戏剧性，让受众在惊讶之余得到美的享受。

巧合法的运用关键在于一个"巧"字，这种"巧"大多是一种偶然性事件，但偶然性中包含着必然性，这个必然性才是短视频的关键点，因为"巧合"的目的是要揭示在这种偶然性背后的必然性，比如讽刺拜金主义、抨击不劳而获等，以起到寓教于乐的目的。

必须注意的是，巧合不能离开生活的规律去任意编造，胡拼乱凑，一旦作品失去了真实性，就失去了"光彩"，那就"弄巧成拙"了。

四、反常法

"常"，指常情、常理，就是大家心目中所习惯和熟悉的道理。反常，就是与常理相反的事件或情节，作者借这些反常的事件或情节反映和表达出深刻的主题。这是一种独辟蹊径、不落俗套的新颖手法，往往可以使故事情节更加曲折惊险，收到出人意料的效果，给受

众留下更加深刻的印象。

运用反常法创作短视频时要注意一点，即"反常"只是叙事方法，不能执着于追求"反常"，只顾情节惊险、场景独特、人物奇葩，以致牵强附会，否则短视频就可能失去真实，流于虚假，从而妨碍内容的表达，使受众感到难以接受。

诺贝尔文学奖获得者塞尔玛·拉格洛夫的故事你们听说过吗？

1858年，瑞典的一个富豪人家生下了一个女儿。然而不久，孩子染患了一种无法解释的瘫痪症，丧失了走路的能力。

一次，女孩和家人一起乘船旅行。船长的太太给孩子讲，船上有一只天堂鸟，那只鸟是多么漂亮，会多少种叫声。女孩被有关这只鸟的描述迷住了，极想亲自看一看。于是保姆把孩子留在甲板上，自己去找船长。孩子耐不住性子，她要求船上的服务生立即带她去看天堂鸟。那服务生并不知道她的腿不能走路，而只顾带着她一道去看那只美丽的小鸟。

奇迹发生了，孩子因为过度渴望，竟然拉住服务生的手，慢慢地走了起来。从此，孩子的病便痊愈了。女孩子长大后，忘我地投入到文学创作中，最终成为第一位荣获诺贝尔文学奖的女性，也就是塞尔玛·拉格洛夫。

这个故事是不是非常反常？但它真实发生了，而且蕴含着更加深层的含义，即每个人都有能力超越自身的束缚。

五、顺逆法

顺逆法，是一种通过对顺境与逆境的巧妙组合来造成波澜迭起、起伏变换的故事构建方法。顺势，就是顺着事物某个发展方向来写；逆势，就是与顺势相反的趋势。现实生活中各种事件的发展演变从来就不是一帆风顺的，而是有许多反复、曲折、起伏。这反映在短视频中，也必然不是平直推进、一泻而下的。

在内容方面，我们应当精心构思，巧妙安排，表现出情节的顺势与逆势，并使之错落有致，推动情节的发展，逐步揭示事情的发展过程，这样才能使短视频引人入胜、扣人心弦。

六、对比法

对比法，就是把两个不同的人、两种不同的事物或同一事物的两个不同方面摆在一起，进行对照、比较，通过对比的差异来带动故事、说明问题。比较有两种表现方式，一种是纵比，一种是横比，纵比是现在和过去比较，横比是两个人或两种事物同时期的比较，通过它们不同的特点来说明问题。

要运用好对比法，首先要将矛盾的双方放在一起，通过深入的观察、分析，挖掘出双方的内在特征，然后进行具体对照比较，揭示出彼此的区别。这样，不仅可以表现出人物、事物的鲜明特征，给人以深刻的印象和启示，还可以表现出短视频制作者的立场和倾向性。

七、伏应法

伏应法是传统艺术中常见的一种创作手法，是指作者在文章或影视剧的开头部分对将要出现的人物或事件，预先做出某种暗示，在后面的情节展开中再进行呼应、加深和说明。

伏应法必须有伏笔和应笔，且二者要结合在一起使用。前有伏笔，后面一定要有应笔。"伏"是为了"应"，伏笔一定要伏得不经意、不显露，如果刻意点明，则无"伏"，就会索然失味，也就无须再"应"了。

美国作家欧·亨利在他的小说《最后一片叶子》里讲了一个故事：病房里，一个生命垂危的病人从房间里看见窗外的一棵树，树叶在秋风中一片片地掉落下来。病人望着眼前的萧萧落叶，身体也随之每况愈下，一天不如一天。她说："当树叶全部掉光时，我也就要死了。"一位老画家得知后，用彩笔画了一片叶脉青翠的树叶挂在树枝上。最后一片叶子始终没掉下来。只因为生命中的这片绿，病人竟奇迹般地活了下来。

这就是伏应法运用得非常成功的例子,从秋叶飘落,到病人说"当树叶全部掉光时,我也就要死了",文章预先埋下了伏笔。到最后,那片叶子始终没有落下,为什么呢?文章的结尾,作者解开了其中的秘密——是一位画家用彩笔画了一片叶脉青翠的树叶。

八、擒纵法

擒,就是抓住;纵,就是放开。擒纵法是一种先擒后纵、欲擒还纵的表现手法。

在擒纵法中,擒与纵,纵是为了擒。要表现故事的结局、表现矛盾的解决,如果平直说来,虽然可以叙述清楚,不过会平而乏味,短视频内容也就失去了感染力;相反,如果要写问题的解决而故意先写问题相当复杂多变,这样,最后的"解决"就会显得新颖别致,从而更加有力地使题旨得以揭示和深化,给人强烈的印象。

九、衬托法

衬托法可分为正衬法和反衬法。正衬法使用美好的事物(人物)来衬托更美好的事物(人物);反衬法则是根据主要事物(人物)与衬托事物(人物)相反或不同的特点,用陪衬事物(人物)从反面衬托主要事物(人物)的方法。

衬托法可以极大地增强主要事物(人物)的艺术表现力,使短视频更加感人,从而引起受众更加强烈的情感波动,印象也更加深刻。

第二节
幽默与含蓄——挑逗粉丝的每一根神经

幽默绝不是插科打诨,不是无聊的戏谑逗趣或恶意的嘲弄讥笑,它是一种含笑的讽刺,是在轻松欢乐的笑声后蕴藏鲜明褒贬的表现形式,在讥讽或嘲笑中,传递出当代的正能量,给人以美的享受。

在短视频中,幽默与含蓄是最受粉丝欢迎的形式,它诙谐而又讽喻,风趣而又辛辣,不是简单地用语言平铺直叙地说出将要表达的思想,而是借助比喻、象征等手法,表达出作者所要表达的思想。

一、讽刺法

讽刺法,就是通常所说的讽刺和嘲笑法,它通过表现客观事物突出的可笑、可鄙及可恶之处,并给予嘲笑和讽刺,以达到针砭或否定的效果。

讽刺法一般包含三个要素,即漫画式的艺术变形、严肃的生活逻辑和深刻的思想认识。漫画式的艺术变形,辛辣幽默;严肃的生活逻辑,揭露变形的虚假;深刻的思想认识,引发出发人深省的思考。

运用讽刺法必须注意真实感和分寸,只有从事实出发的夸张和嘲讽才能体现出令人信服的逻辑,而分寸的把握在于要讽刺得准确、讽刺得有理。

《笑林广记》里面记载了很多有趣的小故事,其中有一篇《老童生》极富幽默感。

老虎出山而回，呼肚饥。群虎曰："今日固不遇一人乎？"对曰："遇而不食。"问其故，曰："始遇一和尚，因臊气不食。次遇一秀才，因酸气不食。最后一童生来，亦不曾食。"问："童生何以不食？"曰："怕咬伤了牙齿。"

翻译成白话文就是，有一只老虎白天出去觅食，到了大晚上回到山里，一个劲地喊肚子饿了。

其他老虎就很奇怪了："怎么，今天一个人也没遇到？你咋这么背呢？"

老虎郁闷地说："别提了，虽然遇到三个人，却一个都没有吃成。"

"到嘴的肉怎么不吃呢？"

老虎更加郁闷了："第一个是和尚，满嘴'阿弥陀佛'，一身臊气，我当然不吃。接着又遇到一个秀才，满嘴'之乎者也'，一身酸气，我也没吃。"

"那第三个呢？"

"第三个是个童生。"

"童生？这是最好的美味啊。"

"别提了，说是童生，其实七八十岁了，这样的老头，都是老肉，我怕咬伤了牙齿。"

二、反话法

反话法就是在表达某种意思或说明某个问题时，故意用同本意相反的词语或事件来表达本意。如果要肯定什么，就先否定什么，若要否定什么，就先肯定什么，将创作者的真正意图掩藏起来，而在最终通过夸张、反转等方式揭示出创作者的真实意思和意图。

《史记·滑稽列传》中记载有这样一个故事：

楚庄王之时，有所爱马，衣以文绣，置之华屋之下，席以露床，啖以枣脯。

马病肥死，使群臣丧之，欲以棺椁大夫礼葬之。左右争之，以为不可。王下令曰："有敢以马谏者，罪致死。"优孟闻之，入殿门，仰天大哭。王惊而问其故。优孟曰："马者王之所爱也，以楚国堂堂之大，何求不得，而以大夫礼葬之，薄，请以人君礼葬之。"王曰："寡人之过一至此乎！"于是使以马属太官，无令天下久闻也。

其大意是，楚庄王酷爱养马，对那些最心爱的马，给它们穿五彩艳丽的锦衣，给它们住金碧辉煌的厅堂，给它们睡设有帷幕的床，给它们吃美味的枣肉。马却因太享受了，肥胖而死。

楚庄王命令全体大臣致哀，准备用棺椁装殓，按大夫的葬礼隆重举行。左右大臣纷纷劝谏他不要这样做，楚庄王非但不听，还下了一道通令："谁敢为葬马向我劝谏的，一律杀头。"

优孟听说了，闯进王宫就号啕大哭。楚庄王吃惊地问他为什么哭，优孟回答："那匹死了的马啊，是大王最心爱的。像楚国这样一个堂堂大国，有什么事办不到的呢？却只用一个大夫的葬礼来办马的丧事，未免太不像话。应使用国王的葬礼才对啊！"

楚庄王这时恍然大悟，知道这是优孟在含蓄地批评他，便说："我的过错就这样大吗？"

于是楚庄王就派人把马交给主管膳食的官员，吩咐说："不要让天下人听到贵马贱人的事。"

三、夸张法

夸张，是指在描述人或事物、事件时，为了突出本质特征，在现实的基础上，对形象做必要的扩大或缩小，加强表达效果的一种艺术手法。

夸张主要用于形象塑造和情节构思，可以突出对象的形象特征，增强情节的曲折性和惊险性，以更深刻地表现主题，或表达强烈的爱憎感情，引起受众的共鸣。

运用夸张手法要注意客观事实基础，不能信口开河。

四、逗引法

逗引法是一种独特表现方法，是以人物的一方或双方相互挑逗的方式来安排故事情节。这种方法的特点是诙谐有趣，但逗引并非仅为博得观者一笑，而是为了更好地叙述故事和表现主题。

逗引法富有戏剧效果，挑逗的一方或双方往往故意巧设疑团，左盘右旋，引发和驾驭对方的情感、思路，使对方的思想感情充分表现出来后，再自然地亮出"真相"，表明事实，使得满天的疑虑和纠纷突然一扫而光。这种方法诙谐幽默，往往使短视频的故事情节生动有趣，能对受众产生强大的吸引力，吸引受众看完短视频。

五、象征法

象征，是借用某种特定的事物或形象暗示另一种事物或形象的艺术手法。运用象征法必须找到本体与征体两个方面，一个是用来象征的物体，即征体，一个是被用来象征的物体，即本体，两者不一定有必然的联系，但必须具有某种特殊的联系。象征法必须紧紧抓住这两者之间的联系，才能使短视频形象生动、感情真挚，富于深刻的哲理和艺术感染力，显现出一种含蓄美，从而启发受众思考和想象。

不知道大家是否读过下面这个故事：

在一次讨论会上，一位著名的演说家没讲一句开场白，手里却高举着一张20美元的钞票。

面对会议室里的200个人，他问："谁要这20美元？"一只只手举了起来。他接着说："我打算把这20美元送给你们中的一位，但在这之前，请准许我做一件事。"他说着将钞票揉成一团，然后问："谁还要？"仍有人举起手来。他又说:"那么,假如我这样做又会怎么样呢?"他把钞票扔到地上,又踏上一只脚,并且用脚碾它。而后他拾起钞票,钞票已变得又脏又皱。"现在谁还要?"还是有人举起手来。

"朋友们,你们已经上了一堂很有意义的课。无论我如何对待那张钞票,你们还是想要它,因为它并没贬值,它依旧值20美元。人生路上,我们会无数次被自己的决定或碰到的逆境击倒、欺凌甚至碾得粉身碎骨。我们觉得自己似乎一文不值。但无论发生什么,或将要发生什么,在上帝的眼中,你们永远不会丧失价值。在他看来,肮脏或洁净,衣着齐整或不齐整,你们依然是无价之宝。"

这个故事就是运用象征的手法阐明了一个看似浅显却深刻的道理。

六、借讽法

借讽,即假借谈论某人、某事以讽刺今天现实生活中的某人、某事,可以是借古论今、借古讽今,也可以是借外说内或谈内讽外。无论是哪一种,最终要表达的都是一种思想,一个道理,都是要弘扬社会的正能量。

在选择示例上,一定要注意以下三点:第一是人物或事件之间一定要有必然的联系,绝不能牵强附会;第二是所借的人物、故事一定要有代表性、权威性,否则说服力不强;第三是所借之物最好是大家耳熟能详的故事,这样才会吸引更多的受众观看视频。

第三节
说明与论证——讲述者的逻辑

购物类和知识类的短视频一般都采用说明形式，简明扼要地解说事物（商品），阐明道理。

说明包括对实体事物的说明和对抽象事理的说明两类。实体事物说明就是介绍事物（商品）的形状、特性、成因、类别、构造、功能、用途等，比如我们常见的购物类短视频，就是通过对上述内容的详细介绍来说明所售物

品的特点和优势，以刺激受众的购买欲望；抽象事理说明一般应用在科技类、知识类的短视频中，用来解释概念、内容、性质、特点、作用。

一、诠释法

诠释，就是全面、详细地介绍和解释事物（商品）的性质、特征的说明方法。这种说明方法要求短视频创作者对事物（商品）的性质、特征、状态、功能、用途等，有一个详细而清晰的认识，要解释得具体详尽，重点突出，让人听得明白，理解得透彻。

二、举例法

举例是一种经常使用的表述方法，它的特点就是选取生活中比较典型的具体事物来说明与之相似事物的性质、特征、规律。比如要说明一个大家都不熟悉的产品或道理，我们就可以通过大家都清楚和熟知的物品来具体说明该产品或道理，将陌生变得熟悉，深奥变得浅显，复杂变得简明。

三、分类说明法

分类说明法是一种对事物进行分门别类并逐一说明的方法。

运用分类说明法可以从不同方面和不同角度对事物的具体内容和属性进行多层次的系统说明，达到清晰具体、系统全面、使人一目了然的效果。另一方面，划分门类，分别说明，可以缩小范围，突出重点，让人们通过重点去具体认识复杂事物的全貌概况。这种方法通常使用在说明商品、阐明道理和教育教学类短视频中，可以使短视频内容显得条分缕析、层次井然，给人深刻印象。

四、顺序说明法

顺序说明，就是按照某种条理次序来说明事物，可以使短视频先后有序，脉络清晰，有条不紊，层次井然，同时也有利于揭示事物的相互关系，使受众循序渐进地加深对这一事物的了解和认识，从而达到介绍事物、传播知识和积蓄流量的目的。

顺序说明法主要有五种表现形式：

（1）结构顺序：即按照事物结构的一定次序来进行说明，如从整体到局部、从外到里等。

（2）时间顺序：即按照事物发生和发展的时间顺序来进行说明，如春夏秋冬、年月日等。

（3）空间顺序：即按照事物的空间顺序进行说明，如上下左右、高低远近等。

（4）逻辑顺序：即按照事物各部分之间的逻辑联系来进行说明，如由主到次、由浅入深、由因到果等。

（5）观察顺序：即按照人观察点的移动次序来进行说明等。

五、问答法

问答法就是以双方对话的方式说明或介绍某种事物的方法。运用这种方法可以逐点交代，层层介绍，不仅可以使被说明的事物具体清晰，也可以使短视频更加生动活泼，令人感到亲切、新颖，引发受众的更大兴趣。

问答法一般有一问一答和相互问答两种形式。一问一答，就是一方提问，另一方回答，回答的内容就是说明的内容，提问则相当于小标题，以使说明更引人关注，更加直接明了；而互相问答方式则是双方都有问答，在互问互答中共同进行说明介绍。

在使用问答法时要注意的是，"问"要对受众可能遇到的问题及难点、疑惑点提出疑问，千万不要盲目提问，使答者也必须要有针对性地回答，要说明问题并解决问题；"问"不要过多，不能流于琐碎，"答"要抓住重点，简明扼要，不能答非所问或榫不对卯，让受众不得要领。

六、比拟法

比拟就是借助拟人的手法来说明、介绍事物的方法。和举例法类似，比拟法也是通过对具体、熟知事物的描述来说明陌生的事物，它可以将抽象的变为具体的，使受众能够准确地认识事物的基本属性和主要特征。

比拟法和举例法的区别在于，举例法是用现实存在的例子去说明和解释大家不熟悉的事物，比拟法则是通过拟人、拟物的手法说明、解释陌生的事物。

七、比喻法

比喻就是通过打比方来介绍、说明事物，也就是"以彼物比此物"，即用人们常见、熟知的事物比喻说明人们不常见的、陌生的事物，这是一种有效的说明方法。比喻说明不同于比拟,比拟更多的是把物当作人来描写,比喻是用一种事物来比作另一种事物。

运用比喻法应当注意两点:一是两物之间必须有可比性,即两物具有相同或相似的特征和性质,否则,便不能构成比喻;二是两物之间必须有说明性,即彼物应为人熟知或了解,否则,便无法进行说明。

第四节
联想与想象——做一个偷故事的人

写作离不开联想和想象,爱因斯坦曾经说过:"想象力比知识更重要,因为知识是有限的,而想象力概括着世界上的一切,推动着进步,并且是知识进化的源泉。"

联想和想象在写作中起着不容小觑的作用,它不仅可以使文章内容得到升华,更有助于为文章插上翱翔的翅膀,让文章曲折生动,文字优美动人。想象一下我们曾经写出好文章的经验:首先,我们必须广泛接触生活,认真观察生活,仔细体验生活,深刻思考生活,然后将自己所观察到、体验到的生活内容,输送给大脑,组织写作思维素材,联想和想象在这个时候就开始充分发挥作用,将一个简简单单的故事或者一个普普通通的画面,联想和想象出无边的哲理和动人的情节,将原本生硬、乏味的东西变成鲜活有生命力的东西。

观察,是积累生活经验的过程,也是联想和想象的基础。见多才能识广,面对城市中的滚滚车流,面对草原上的云淡风轻,你如果什么感受都没有,那就很难写出像样的文章来。因此，要想创作出好的短视频脚本，作者必须对生活有着较深的感受，并形成对生活多观察和思考的习惯；同时，借助联想和想象，将观察到、想象到、感受到的形象精辟生动地表现出来，使短视频内容更加丰富，表达更为生动。

一、联想，拓展短视频思路

《世说新语》中记载着这样一个故事：

谢太傅寒雪日内集，与儿女讲论文义。俄而雪骤，公欣然曰："白雪纷纷何所似？"兄子胡儿曰："撒盐空中差可拟。"兄女曰："未若柳絮因风起。"公大笑乐。

其大意是说：东晋著名政治家谢安有一次在家中与儿女谈论文章，窗外纷纷扬扬下起了雪。谢安兴致勃勃地问道："你们看这飘飘的雪花像什么？"他哥哥的长子谢朗说："跟把盐撒在空中差不多。"他哥哥的女儿谢道韫说："不如比作风吹柳絮漫天飞舞。"

这就是联想和想象的作用和力量，它把一件看似平常的事物美化、升华到诗的境界。

联想大致可以分为三类：

1. 触类旁通
联想的一大特点就是作者通过对某一事物或某一现象的观察和感知，引发出在时间或空间上的联想，见一叶而知秋，窥一斑而知全豹，这就是触类旁通。

2. 逆向思维
联想也可以朝着事物相反的方向发展，这种联想的特点是作者由对某一事物的感知而引发与它在性质或特点上相对或相反的事物的联想。

3. 特征联想

寻找特点，抓住事物相似的特点进行联想。这种联想是作者通过对事物某一特征的感悟，引发出其他事物存在的某种相似点的联想。

二、想象，丰富短视频内容

想象可以丰富短视频的内容，我们可以将想象分为六种方式：

1. 连接式想象

连接式想象就是从事物本身出发，在其周围寻找与其相关事物的不同点，然后将之进行连接，从中梳理出富有趣味和表现内容的线索来。比如我们拍摄一把茶壶，可以联想到茶壶冒出的烟雾，通过烟雾缥缈幻化，将这把茶壶拍出与众不同的样貌，烟与茶壶之间便具有了趣味表达的种种可能。

2. 组合式想象

组合式想象是指将两个或两个以上的人或物体进行组合，从不同的维度讲述全新的故事，进而营造出兴趣点。比如将各种蔬菜进行重新组合摆出小兔子的造型，便产生了趣味感，充满了想象力。

3. 抽象式想象

抽象式想象是指立足于人物或事物的局部进行抽象发挥，使之在结构、形式上产生全新的视觉趣味，改变人们习惯的思维定式，创造不同凡响的情节和故事。比如在短视频拍摄中，我们将光影变换成具有一定形象的线条和色块。

4. 移花接木式想象

移花接木就是把两个或两个以上的原本毫不相干的人或事物拼凑在一起，编织成新的人物形象和新的事情，从而创造出新的故事。比如将某位古人或知名人物讲话的原声同一个幽默诙谐的人的动作结合在一起，制造出另一种幽默。

5. 添枝加叶式想象

所谓添枝加叶实际上就是在原有人物或事件的基础上，借助想象的翅膀，将原本不属于这个人物或事件的故事加在他们身上，使故事变得更加形象、生动。

比如我们改编《聊斋》中的某个故事，就可以把道听途说的许多怪事都放在这个故事里，或者把飞碟事件、外星人事件、灵异事件也放到故事中。

6. 梦幻式想象

梦幻式想象就像天马行空，可以让作者上天入地，御风凌空，可以和花草树木拥抱，可以和飞禽走兽耳语，可以穿越到洪荒远古探访古人行踪，也可以借助梦境或幻觉描绘出并不存在的情景。

三、做个"偷热点""偷故事"的人

2006年，张敬轩一首《偷故事的人》曾经火遍大江南北。2017年，张惠妹、王志弘首度跨界合作，将《偷故事的人》演绎到极致。

在张惠妹、王志弘合作的《偷故事的人》宣传网站上，一句"你听的是我的歌，还是你自己的故事"直指人心。许多年来，张惠妹的歌为你写下一连串的故事，而你听的，究竟是张惠妹的歌，还是你自己的故事？

偷来的故事成为她的歌，而她的歌，又辗转成为我们的故事。各种故事，无论是从哪里偷来的，现在，都将成为我们的下一个故事。

其实，短视频写作也一样，我们不可能每天都有新的观察、新的发现和新的故事呈现给大家，因此"偷"便理应成为我们的"看家本领"。我们可以在新闻上"偷"热点，我们可以从电影、电视剧中"偷"情节，我们甚至可以在地铁上"偷"来情侣的悄悄话……

"偷"只是手段，通过各种写作手法把"偷"来的东西变成我们的故事才是目的。前些年，天涯上有一篇很火的帖子，来自"无心芦苇"，标题是："如果可以回到十年前，你最想做什么？"大意是一个自称从1997年来到2008年的人说自己马上要回1997年了，并询问大家有什么需要帮忙的，很多网友留下了打动人心的评论。

八卦的人："楼主呀，能不能通知一下1997年的我呀，让她赶紧借钱买房子，好让现在的我也做回地主。"

路人无名:"1997年?楼主能不能去趟乌鲁木齐帮我找个人?找到他告诉他我爱他,我在2008年等着他。"

可可星冰乐:"麻烦楼主去辽宁找个女孩子,告诉她将来要小心不要被欺负,住宿舍的时候要注意走得近的室友,那个人会诬陷人,要注意不要认识一个天津人,遇到一定要走开,要注意不要认识一个卖啤酒的,要告诉她无论遇到什么事情她的将来很美好。"

yoyotony:"楼主,千万要记住,在1997年9月3日那天告诉我二哥哥,千万不要出门,就在家待着!我拿什么和你交换都可以!!"

还有一个人说:"请告诉那时候的我,一定要多回家看看爷爷,因为后来他得了老年痴呆症,就不再认识我了。"

……

这些评论很感人,可以收集起来,通过不同的演员演绎出一个个精彩的故事,一定会有很好的传播效果。

这是"偷"的最高境界。

第五节 叙事——给故事插上翅膀

叙事方法，即记叙和述说的方法。它是记人、叙事并陈述其来龙去脉的表述方法，一般包括时间、地点、人物、事件、原因、结果六要素。叙事从不同的角度有多种划分方法，最通常的划分是按叙事的先后顺序分为顺叙、倒叙、插叙、补叙、平叙等。

一、顺叙

顺叙，就是按照事件发生、发展的时间先后顺序来进行叙事的方法。这是一种最基本、最常见的叙述方法。它按照事物发展的一定顺序向听者讲述故事或事件的发生和发展，非常符合人们的接受心理和阅读习惯，便于把叙述内容表述得条理清楚、自然顺畅。

在使用顺叙法讲述故事或事件时，你可以按照时间的推移来叙述，也可以按照认识发展的过程来叙述，或者按照你的行踪来叙述。这些叙述方法虽然各有不同，但都是按事情发生、发展的过程来写的，都属于"顺叙"。

顺叙可以让短视频的故事进程同时间发展取得一致，叙述得条理分明，有头有尾。但叙述要注意材料的取舍，叙述虽然要求具体详细，但也不能面面俱到，像记流水账，要对重点的、对故事影响力大的部分着重用力，对事件没有影响的细枝末节略去不写，以避免平铺直叙，让受众感到枯燥乏味。

比如，我们以时间的推移来叙述一个故事：早晨出发——天已经黑了才到达山脚——伴着满天的星光向山上爬——黎明时分终于到达了山顶——欣赏高山霞雾中的日出。这是一个顺序的叙事，但过于平铺直叙，没有波澜曲折，非常乏味。我们可以这样改：早晨出发——严重塞车，想尽了各种办法比如下高速走乡村小路等——经过迷路等曲折，到达山脚时天已经黑了——没带手电，又下起小雨，只能硬着头皮往上爬——忽然，天晴了，蓝蓝的星光洒满了山路——黎明时分终于到达了山顶——终于看到了高山霞雾中的日出。

二、倒叙

倒叙，就是故事倒着写，先写结果或最精彩的部分，然后再按故事顺序进行叙述。

倒叙一般有三种类型：第一种是把事件的结局提前；第二种是把事件中最精彩或最紧张的片段提前；第三种是先写当前的情况，再回忆过去的情况。这几种不同的倒叙方法，有一个共同的特点，就是可以形成悬念，起到震动和吸引受众的作用，激起受众追根溯源的兴趣，使短视频内容产生强大的吸引力。

三、插叙

插叙，是在叙述故事的过程中，插入与之相关的另一个故事，然后，再继续进行刚刚未完成的叙述。

插叙的具体内容和形式有多种方式，有的是对过去事件片段的回忆，这种插叙被称为"追叙"；有的是对故事中人或发生的事做补充、解释，这种插叙被称为"补叙"；有的是对有关内容的回溯，这种插叙被称为"逆叙"。

插叙灵活多样，表现力强，可以使情节更加充分，更加富于变化。

运用插叙应注意以下几个问题：一是切合需要，即运用插叙要根据刻画人物、开展情节和表现主题的需要，自然贴切地插在关键之处，不能单纯追求形式的变化而到处乱插；二是要与内容有关，这样才能插而不断，插而不乱；三是交代清楚，插叙的起止要清楚，承接要自然缜密，使受众既能分清插叙的内容与情节的主干，又不会感到叙述的混乱和情节的枝蔓；四是要主次分明，插叙不管如何精彩，毕竟不是主要情节，切不可任意铺饰，尽力渲染，以免喧宾夺主，淹没主题。

四、补叙

补叙，是指在顺序或倒叙的叙述中或结束之后，对前文涉及的某些事物和情况做必要的补充、交代，这个补充、交代常常是某一件事情的原因或来历。采用补叙手法，有时取决于情节本身的发展逻辑，如一些悬疑类、侦探类短视频，遵循现实事件演进的自然顺序，在需要的地方进行补充叙述；另一种情况是为了增强表达效果，在前面的叙述中故意省略某些情节和细节，造成悬念，待到最后抛出底牌，补充交代。

运用补叙不仅可以使故事有头有尾，脉络清晰，使故事情节更加完整、充实，而且由于在前面的叙述中故设疑团，从而加强了情节的曲折性，使短视频作品更加扣人心弦。

运用补叙首先应当注意，补叙只是补充前面的叙述中有待补充的内容，切不可节外生枝；其次，要注意精练简洁，切不可拖泥带水；再次，补叙要顺应情节，合乎情节发展逻辑，要补得自然紧凑。

除了以上这些叙述方法外，前人还总结出了散叙、分叙、交叙、环叙等多种表现方法，特别是电影中意识流和蒙太奇表现手法的出现，更增添了短视频的表现形式。但由于短视频时间较短，很难像电影、电视剧那样从容地运用这些手法，在这里我们就不多加赘述了。

第六节
制式格式——人人都能看得懂的脚本

2010年,我们的世界可以说是进入了短视频的时代。在随后的几年中,抖音、快手、微视、小红书、优酷、哔哩哔哩等众多的短视频平台闯入了大众的视野,越来越多的创作者也纷纷抓住机遇开始大量创作短视频作品,数以万计的短视频以百花齐放、丰富多彩的姿态迎接着新技术的到来。

随着短视频数量的增多,成千上万条的短视频也让受众无所适从,大众逐渐出现了审美疲劳,越来越多的短视频被束之高阁,无人问津,原先很多轻松获赞上百万的短视频被淹没在了茫茫的大海中,短视频的门槛正在被逐步拉高,只有那些拍摄水平更专业、内容设计更深入的短视频得以脱颖而出,成为短视频中的佼佼者。

经常有创作者提出这样的问题:为什么我创作的短视频得不到受众的认可?如何才能让我的短视频成为众多短视频中的佼佼者?有没有能让短视频一夜爆红的秘诀?这些问题实在很难回答,因为短视频成功的原因是多种多样的,但归根结底就是一点:思想深度。有了思想的深度,通过我们前面提到的各种故事构建方法,再通过专业的拍摄技法,你的成功就有了一半的基础。

一般来说,短视频的拍摄需要经过8个步骤,即编写剧本、寻找导演、安排演员、实施拍摄、剪辑视频、搭配音乐、发布短视频和对外宣传。其中,短视频脚本的撰写和编辑即编写剧本这一步非常关键,它是短视频的起点,要想拍摄出专业的短视频,脚本的撰写和编辑是最基础的基本功。

短视频脚本的创作不仅要有创意，而且要做到导演、摄影师、灯光师、助理和演员等相关人员都能看得明白，就算是创作者自己亲自拍摄，也需要一个清晰的脚本，才能使前期和后期人员在剪辑、配音等工作中做好必要和统一的衔接。

根据拍摄用途，短视频脚本一般分为三种类型，即拍摄提纲、文学脚本和分镜头脚本。

一、拍摄提纲

拍摄提纲又叫拍摄大纲，是为短视频制作撰写的纲要性文字，是短视频制作者出现某种创作灵感和想法时迅速记录下来的内容。这种大纲一般记述的是短视频制作者灵光一现的想法，文字较为简单，想法一般也不太成熟，所以，在写出这个记录想法的大纲后，创作者还需要进一步丰富拍摄主题、重点情节和表现方式等方面的内容，然后与主创人员探讨，最终形成拍摄脚本。虽然大纲不是最终的拍摄脚本，但对最终的拍摄起着重要指导作用。

1.明确主题

一个短视频最初是以什么形式浮现在你的脑海中的？灵感也许来自一条新闻、一桩偶然事件、一次动人的奇遇，抑或是一件可笑的倒霉事……不管这种启发来自何方，现在，你有了拍摄短视频的想法，有了你要表达的思想和内容，你就可以确定短视频的主题，并开始动笔撰写短视频拍摄大纲了。

短视频的主题主要包括以下三个内容：第一，为什么要拍摄这个短视频？它的意义和目的是什么？第二，这个短视频要告诉受众什么？是讲述一个道理还是鞭笞一种现象？是为了推销一种产品还是仅仅演绎一个故事？第三，这个短视频要用什么样的艺术处理方法？

无论是什么样的主题，在拍摄提纲中，你都必须明确这个短视频的主题，并提出如何艺术化地处理这些事件，没有艺术化的思考，这个短视频就毫无价值。

现在，很多短视频制作者习惯性地在所要表达的内容中硬塞进去一些通俗性的、闹剧式的因素，认为这样或多或少可以打动人心。事实上，没有艺术性的短视频是没有长久的存在价值的，也不可能引起粉丝的长期关注。

2. 搭建框架

同影视作品一样，故事类的短视频作品需要搭建故事性的框架，教育类、说明类、科技类的短视频则需要搭建说明性的框架。

在这里，我们重点说明一下故事框架的搭建。就像我们在前面短视频写作技巧各章节里所讲到的，故事框架的搭建首先要确定叙事的方法，是顺叙、倒叙还是插叙，然后要找到并突出矛盾，表现矛盾的产生、发展、激化和解决，并最终形成一个故事。最后，就是要确定角色、场景。

3. 充盈细节

"细节决定成败"。

细节可以增强短视频的吸引力，让故事更加真实可信。一个短视频的"好坏"往往就体现在细节上。

短视频脚本中的细节主要是指文学描写和拍摄镜头所表现出的细节。很多人以为短视频时间有限，不能像电影、电视剧那样详细描述人物的表情动作和衣着服饰等，殊不知这些细节是对情节真实、细腻的再现，没有了人物的内心世界，没有了人物细微复杂的感情，没有了人物之间的关系，没有了代表人物身份的环境，故事就无法讲起。

二、文学脚本制式格式

文学脚本是在拍摄提纲的基础上，经过团队讨论后撰写的正式拍摄剧本。

在进一步明确主题、充盈细节后，文学脚本提出了短视频拍摄的具体提纲和框架，如拍摄时间、地点、互动点、转化点等，并对后期剪辑和美化提出要求。

文学脚本标准格式：

场景1			
地点		时间	人物

情节描述（200字以内）：

角色名称	动作说明	对话内容	其他说明	注意事项

例如：

场景1 片头			
地点		时间	人物
山间公路，一侧为山，山上开满鲜花，一侧为小溪，溪边也是鲜花遍地		6月，早晨7:40左右，天气多云	1男，20多岁，时尚 5女，中学生

情节描述（200字以内）：XX，男，20多岁，开着越野车在山路上奔驰；几个女中学生骑着自行车边嬉闹着，边往前骑行；XX从他们身边飞驰而过，中学生YYY1突然停下车指着XX飞奔过去的车。

角色名称	动作说明	对话内容	其他说明	注意事项
男：XX 女：YYY1 　　YYY2 　　YYY3 　　YYY4 　　YYY5	男，单手握方向盘，看着外面的景色； 中学生，边骑车边嬉闹着往前骑行； 男从他们身边飞驰而过； 中学生YYY1突然停下车指着XX飞奔过去的车	无	字幕：一面之缘（当弱者变得强大，地球也会倒转）	无

上面是短视频文学脚本的一种格式，也有些导演或实际拍摄者喜欢使用动画格式的文学脚本。所谓动画格式的文学脚本就是将时间、地点、人物、情节的内容画成漫画，然后在这些漫画中以文字形式写上时间、地点等内容。不过这种方式对撰写要求很高，除了文字外，还必须是一个动画高手。当然，不会绘画也不是什么大问题，现在很多软件都可以实现绘画功能，比如Set a light、Painter、Sai、Csp等。

三、拍摄脚本

拍摄脚本是指短视频导演或实际拍摄者使用的分镜头脚本，是将文字转换成镜头语言的拍摄步骤。拍摄脚本是导演、摄像和后期编辑师使用的文本，相对于提供故事梗概的文学脚本，拍摄脚本给导演、演员、剪辑以及各个后期制作人员提供了一个个具体画面。

拍摄脚本对画面的要求很高，不仅要包括画面内容、景别、摄像技巧、时间、机位、音效等众多因素，而且还要提供每一个镜头的长短、细节和角度（高、低、平角度）以及每一个镜头的运用（推、拉、摇、移、定格）、场景（全景、中景、近景）和不同人物（一人、两人、三人、多人等）的设计和镜头、角度与场景的不同组合方法。

例如：

镜头	拍摄方法	时间	画面	解说	音乐	备注
1	全景，背景为早晨的山区，晨光，花海，摄像机不动	2秒	5个女孩子顺着山路向山上骑行	无	《我们一起学猫叫》	女孩子嬉笑的背影和侧影
2	同上	同上	一辆越野车顺着镜头方向进入画面	同上	同上，插入汽车轰鸣声	透过车窗可以看到开车男孩子的帅气背影

续表

镜头	拍摄方法	时间	画面	解说	音乐	备注
3	中景特写，推镜头	同上	驾驶汽车的男子，单手扶方向盘，向外看风景	同上	音乐声音变小	车内装饰，时尚元素
4	远景	同上	汽车超女孩子们后，其中的1个女孩突然停下，用手指向汽车的车牌	同上	同上	注意女孩们的衣服，一定要时尚，且色彩搭配要鲜艳
5	摇，从近景到手指的特写，然后转向车牌	同上	女孩手指车牌的特写，车牌的特写	同上	同上	手和车牌的过渡要自然

从上面这份表格中，我们可以看到，一个完整的分镜头脚本几乎囊括了所有的细节，不仅包括了演员的服装、语言、动作，也包括了镜头的类别，如全景、中景、近景、俯拍、特写等。拍摄脚本一般也会列出镜头的长度、景别、构图、配乐等很详细的信息，拿到它之后你就会像看到真正剪辑好的电影一样。

第七节
短视频魔法定式——三三制原则

短视频到底多长才能吸引受众观看完而不引起反感呢？近年来，各个短视频平台纷纷提出了自己的时长原则：快手率先喊出了短视频行业标准是竖屏57秒，并号称57秒才是短视频行业的工业标准，不过很快，头条也喊出口号来，说4分钟才是短视频的最佳时长，而微博、秒拍则提出了15秒的原则等，各大短视频平台在时长上争论不休。

事实上，各平台关于短视频时长都是根据该平台的特定目标人群提出的，比如微博的15秒时长，针对的是普通用户而非专业用户，因为这些普通用户使用视频的目的在于记录心情；快手的57秒，针对的是"90后"甚至"00后"普通用户，这些用户更习惯稍长的表达时间；而针对专业用户的头条，需要完整描述一段故事，4分钟时长对它的使用者更为合适；而Yelp网站，它的短视频只有3～12秒，因为Yelp的用户使用短视频的目的是对商户进行点评，用户在商铺进行消费时，可以使用3～12秒的动态视频来记录商铺的原貌，更好地为其他用户提供借鉴和参考，他们觉得以此作为消费者记录和点评商铺的时长已经足够。

所以，实际上并不存在一个放之四海而皆准、推之百世而不悖的时长标准，只要长短适合你的受众就是最佳的时长，如教学类的短视频可能需要更长的时间，表达心情、心绪的短视频只需要很短的时间，但作为故事类、新闻类的短视频到底多长才算合适？如今，都市中的人们生活时间早已碎片化，他们往往选择在坐公交、去洗手间等碎片时间里看短视频，即使是在闲暇时间专心看短视频，这些观看者也没有那么长的专注时间。如果视频时间太长，不仅不容易看完，而且即使看了，内容也不容易记住。因此，时间短一点并能在最短的时间内让大家引起共鸣或增长知识的短视频，其收看率和完播率就会得到高分。

那么，这类短视频到底应该多长呢？就目前的调查结果来看，要想完整地讲述一个故事、说明一件事情，能够把你想表达的内容表达清楚，2～4分钟是最合适的。当然如果想表述得比较简单清晰，也可以做成1分钟以下的短视频。

一、3分钟讲述一个完整的故事

3分钟讲述一个完整的故事？是不是太神奇了？

一点也不，只要你熟知下面的公式，你也能在3分钟之内讲述一个完整的故事。

这个公式其实很简单，就是下面这7个问题。通过对这7个问题的思考和构建，结合我们在前几节中讲述的波澜与曲折、幽默与含蓄、矛盾与冲突等创作方法，你就能在3分钟内讲出一个完整的故事。

这7个问题是：

问题一：主人公的"目标"是什么？

问题二：他的"阻碍"是什么？

问题三：他是如何"努力"的？

问题四："结果"如何？（注意，这里的结果一定不是好结果，以便为后面的剧情埋下伏笔）

问题五：如果结果不理想，那么，有没有可以改变这一切的"意外"？

问题六：意外发生了，情节如何"逆转"？

问题七：最后的"结局"是什么？

用公式表示为：

1.目标→2.阻碍→3.努力→4.结果→5.意外→6.转折→7.结局。

让我们来看一个简单的例子吧。

这个故事发生在非洲大草原上，是美国一家杂志社征文所得，虽然只有简单的300多字，却获得了首奖，并赢得了3 000美元的奖金。

猎　狮

伊莉薇娜的弟弟佛莱特跟着她的丈夫巴布去非洲打猎。不久，她在家里接到弟弟的电报："巴布猎狮身死。——佛莱特。"

伊莉薇娜悲不自胜，回电给弟弟："运其尸回家。"三个星期后，从非洲运来一个大包裹，里面是一个狮尸。她又赶发了一份电报："狮收到。弟误，请寄回巴布尸。"

很快得到了非洲的回电："无误，巴布在狮子腹内。——佛莱特。"

这是一个构思奇巧的完整故事，回答了我们上面提到全部7个问题。首先，主人公的"目标"是什么——要回巴布的尸体；第二，她的"阻碍"是什么，远隔千里；第三，她是如何"努力"的？发电报；第四，"结果"如何——没有看到巴布的尸体；第五，结果不理想，她继续努力了吗？是的，她继续发电报索要巴布的尸体；第六，意外发生了，情节如何"逆转"？佛莱特又发回了电报；第七，最后的"结局"是什么？巴布尸在狮子腹中。

这短短的故事不仅包含了我们提到的7个问题，而且引人入胜。它巧在作者在这短短的300多字中掀起了三个波澜：巴布辞别妻子伊莉薇娜，带着妻子的弟弟前往非洲打猎（这是我们前面说的顺势），却不幸身亡（逆势）——这是第一个波澜；伊莉薇娜电告弟弟将丈夫的尸体运回（顺势），不想，却收到了一只狮子的尸体（逆势）——这是第二个波澜；伊莉薇娜电告弟弟要求运回丈夫的尸体（顺势），弟弟回电说"巴布在狮腹中"（逆势）——这是一个更大的波澜。作者就这样巧妙地安排了一个又一个的顺势与逆势，使故事一波三折，妙趣横生。

同时，作者的构思也符合"意料之外，情理之中"的原则。巴布猎狮身亡，妻索夫尸得到狮尸，巴布葬身狮腹，这些"逆势"的出现都是出乎读者意料的，但又都是合乎情理的。这是生活中很少发生却又可能发生的事，新奇而真实，因而读起来引人入胜，饶有情趣。

二、3秒钟内抓住受众的视线

研究表明，面对一则陌生的短视频，普通受众的视线停留时间仅为3秒钟。也就是说，要使短视频收到较佳的效果，必须使其内容在短短的3秒钟内吸引受众。那么，如何用3秒钟吸引住受众的视线呢？

首先，只有标题具有足够的吸引力，才能引起受众的关注。一般情况下，吸引受众的标题往往有三种特性：第一是新颖，第二是独特，第三是要有针对性。

要制作出这样的标题，就要在思想和语言上狠下功夫。首先，标题要尽量采用比较流行和大众喜闻乐见的词语，比如成语、谚语、网络流行语等，同时还要把标题与短视频所要表达的内容和思想紧密结合在一起，比如，你要发布一条关于JK裙子的短视频，你就可以把标题写成"你的男朋友允许你穿露出大白长腿的JK裙吗？"或者，如果你想发布一条关于月球的短视频，你可以提出问题："美国人真的登上过月球吗？"再或者，你想发布一首歌曲，你可以这样说："听到这首歌，你会不会后悔曾经放弃追你的男生？"通过这样的标题，再配上精美的画面，就会使粉丝有了真切感受，达到通过标题的妙趣横生和图文并茂以吸引关注的目的。

短视频是一门表现艺术，既然是艺术，就要符合艺术的创作规律，就要有自己的创意。在内容和标题创作上，创作者要敢于独树一帜，在法律和社会公序良俗的框架下，想别人不敢想的，说别人不敢说的，做别人不敢做的，在标题和内容构思上要独特别致，立意要稀奇新颖。以震惊的效果刺激受众，让他们对你的作品产生强烈的震动感，并留下深刻的印象。

下面，我们先来说说画面。画面如何抓住受众视线是一个很大的课题，在这里我们无法详细展开，只能讲述几条基本原则供大家参考。

1. 故事性

故事性主要从情绪、氛围和趣味性三个方面来表现。

你的画面是想表现出积极上进、欢乐的情绪还是愤怒、不满的氛围？这就是画面的情绪。画面的整体情绪需要依靠主体情绪来带入和深入刻画，这种情绪能带动观众的视觉感受，帮助观众更好地从画面中获取与主题相关联的信息，从而引起读者的共鸣。

除了画面主体情绪的刻画，氛围的把控也是至关重要的。氛围把控如何，直接影响到画面的统一性。只要我们能把握住一点——"一切的氛围只为突出主题"，就能驾驭复杂的表现形式。

趣味性，与前两者不同，画面的趣味性并非一种技能，而源于你内心多有趣。每个人的性格和经历不同，所做的设计也不一样，这些都取决于你有一个怎样有趣的灵魂。趣味性在你的画面里，大部分来源于你生活中的积累——设计源于生活，源于有趣的灵魂。

2.善用对比

对比的形式是多种多样的，在画面中，只要各种元素间存在色彩、体积、明暗、距离等方面的差异，就可以创造对比。因此，在拍摄中，我们要注意在色彩上的色相对比、光影上的明暗对比、体积上的大小对比以及空间上的距离对比和时间上的前后对比，并使这些元素体现出一定的差异，创造适合短视频的对比反差。此外，增加对比元素的数量与规模，也是创造"强"对比的好办法。

利用对比需要注意的是，参与对比的元素不要太多。两三种元素的相互对比，才能形成相互呼应的感觉，如果超过五种，画面会很乱，对比的感觉反而不明显了。

3.强调色彩与景深

通过强烈色彩的集中强化呈现，可以使相对平淡的页面获得更多青睐。

在利用景深营造空间层次感方面，短视频画面要充分运用好镜头语言，利用远景和近景的关系，将二维平面画面变成三维动感空间，充分表现出画面的空间感。相比于平面作品，三维动感画面更具有吸引力和冲击力。

4.感官刺激

触目惊心的形象、鲜活的话题、强烈的对比组合方式，往往会造成极大的反差，与人们日常熟知的世界形成不适应的画面，给受众带来强烈的视觉冲击力。

感官刺激可以通过制造幻象的形式来完成，让一些脱离物理法则与不寻常显现的图像使受众产生好奇，进而刺激视觉、激发探索欲，同时还要充分考虑受众对图形的认可能力，以自然美及突破能力来打动欣赏者的情感，从而产生视觉动感，强化视觉刺激感；也可以通过不同寻常的视角，带给观众更强烈的关注与冲击，加深人们对短视频作品的记忆。

三、3种矛盾冲突让受众笑与哭

矛盾，源于戏剧、电影和小说，是剧情类短视频常用的一种表现手法。为了区别议论文中"以子之矛，攻子之盾"的"矛盾法"，电影喜剧类作品往往将其称为"冲突法"。

有矛盾就会引发冲突，冲突是矛盾引发的结果，没有冲突很难组成故事情节。可以说，矛盾与冲突，就是剧情的核心卖点，不管是小说、电影、游戏、动漫还是剧情类短视频，都会围绕某一个或几个矛盾进行展开。

由于短视频篇幅较短，一般情况下，它所展现的冲突大致包含三个基本关键点：通过对比、反差等原因造成的冲突→转折→化解。不管是人物自身的内心矛盾，抑或是人物之间的关系矛盾，又或是事件与事件之间的矛盾，只要你的剧情围绕矛盾与冲突展开，大体上都离不开这三个基本点。

在设计矛盾时，我们首先需要设计矛盾的起因，为矛盾的展开做好铺垫，比如善与恶、正与邪的对比反差，是点明主题的第一步，没有这种对比反差，情节吸引力就会降低；接着，我们就要根据情节需要设置分别代表善与恶、正与邪的主人公在某件事情上所发生的冲突，这种冲突可以利用前面提到的悬念法、误会法、巧合法、反常法等各种手段进行转折描

写,并最终走到冲突的结局——化解。化解的方式有许多,可以是正向的也可以是逆向的,可以是一方被彻底消灭,也可以是自然和解。

一般在短视频中常见的矛盾冲突有三种形式:

1. 个人利益与公共利益的矛盾冲突

顾名思义,公共利益是一定范围内所有人的共同利益,而个人利益指的是某个单个人的利益。为了维护公共利益,人们往往会总结出一些每个人都应该遵守的规范和标准,比如法律标准、道德标准,但现实生活中,因为公共利益与个人利益的出发点和最终目的不同,时常发生矛盾、产生冲突。让我们来讲个典故吧。

《隋唐嘉话·下卷》记载了这样一个故事:

武则天统治时期,大夫李杰任河南尹时,遇到了一个案子。当天,有个妇人状告她的儿子不孝,请求治罪。父母状告子女不孝,这在古代是非常受人关注的案件。李杰很快就将妇人的儿子传至堂上。儿子到场后,跪在大堂上只是哭泣,并不争辩。李杰问他具体情节,他只是说:"我得罪了母亲,即使死也甘心。"

李杰心下狐疑,仔细观察这个跪着的小伙子,从面相上看不像是不孝之子,反倒是这妇人看上去心事重重,比较可疑。李杰再次盘问妇人儿子如何不孝,妇人也不多言,只求杀了这个不孝子。

所谓虎毒不食子,眼前这个妇人竟一再要求杀了自己的儿子,实在令人心生疑惑。

李杰对妇人说:"既然如此,那就请你买口棺材来装你的不孝儿子吧!"

妇人于是转身出了衙门,到街上买棺材去了。李杰心想,其中一定有鬼,便派人尾随妇人。妇人出了官府后,便往棺材店去了。没走多远,就出现一个道士,两人走到一起。妇人对道士说:"事情成了。"

李杰的手下提前返回,把实情告知李杰。

棺材买回后,李杰还旁敲侧击进行劝诫,希望妇人能有所悔悟。不料妇人执迷不悟,毫无悔过之心。

李杰暗中派人将道士捉拿，然后突击审讯。道士无奈，道出实情，原来妇人出轨道士，两人私通，但是儿子不同意二人私情，极力阻拦。道士和妇人无奈，便想出了状告儿子不孝的方法，企图置儿子于死地，然后两人便可以"双宿双飞"了。

妇人和道士"奸情"败露，虽然计谋并没有得逞，但是李杰仍旧下令杖责，道士和妇人便双双被打死。

李杰让小伙子用棺材装了母亲遗体，抬回家去安葬。

事情就这样"圆满"结束了。从《隋唐嘉话》的行文来看，作者是借这个故事表现大夫李杰断案神速、料事如神、判决公道，但是以现在的眼光来看，则过于残忍了。妇人出轨就要害死儿子固然是"最毒妇人心"，但毕竟事情没成，没有必要打死。但放在当时的社会伦理道德之下来看，这个故事讲述的却是一个个人利益与社会利益、个人要求与社会纲常发生冲突的故事。妇人通奸，有悖社会伦理，儿子反对，违背社会道德，何去何从都是矛盾冲突，如果放到现在，妇人也不可能一定要"杀"掉儿子，审判者也不会杖毙妇人和道士，这就是矛盾，社会伦理与个人要求、个人利益之间的矛盾，而且是不可调和的矛盾。

2. 人与人之间的矛盾冲突

人与人之间的利益冲突是不可避免且永久存在的。因为人与人永远无法在思想、行动和利益上达到统一，只要有人的地方争执就永远没法停止。

让我们来看看下面这个故事：

两个士兵一起赶路，途中，他们被一个强盗所劫。一个士兵马上躲到一边，另一个士兵勇敢地迎上去，与之搏斗，杀死了强盗。这时，那胆子小的士兵跑过来，抽出剑，并将外衣丢开，大声说："我来对付他，我要让他知道，他所抢劫的是什么人。"这时，那名勇敢的士兵说："我只愿你刚才能来帮助我，即使只说些话也好。因为我会相信这些话是真的，更会鼓足勇气去抗敌。而现在还是请你将剑插进鞘里，管住你那毫无用处的舌头吧。你只能欺骗那些不知道你的人。

我亲眼见到了你逃跑的速度,十分清楚你的勇气是不可靠的。"

这故事告诉我们,有些人在事情快要成功或已经成功后,企图把自己打扮成英雄,抢夺他人的荣誉,而在夺取成功的过程中,他们却袖手旁观。

3. 个人性格与命运的矛盾冲突

人与人之间、个人与社会之间存在矛盾冲突,人自身也存在着矛盾冲突,其中包括个人性格上、人格上的冲突以及命运上的冲突,最著名的当属莎士比亚笔下的哈姆雷特,这些问题弗洛伊德、荣格等心理学家做过深入的探讨。

在这里我们来分享一个寓言故事:

在一座化学工厂的后院里,生长着一棵高大的松树。松树上住着一只乌鸦,松树下有一条臭水沟,水沟旁的杂草里住着一只蜻蜓。蜻蜓每天都在臭水沟旁飞来飞去,它从来没有注意过树上还住着一只乌鸦。但是,乌鸦却天天看着蜻蜓,时不时还对蜻蜓叫一声,表示友好。可是,蜻蜓却从来不理会乌鸦的叫声。

有一天,乌鸦对蜻蜓说:"蜻蜓妹妹,你天天守在臭水沟旁,难道不觉得脏吗?我告诉你,在几公里外,有一个环境优美的荷花池,那里荷花盛开、绿叶茂盛,很适合居住。那个池塘边生活着许多像你一样的蜻蜓,它们整天看着盛开的荷花,闻着芬芳的花香,生活过得幸福又快乐。我觉得你也可以飞去那里生活,那里才是蜻蜓的天堂。"

蜻蜓很不屑地说:"我祖祖辈辈都生活在这里,已经习惯了。再说,世上哪有那么舒服的地方,我是不会上你的当的。"

乌鸦无奈地摇头叹息。

八月的一天,下起了倾盆大雨,蜻蜓只好躲在杂草下面。不过,杂草经不起风吹雨打,不一会儿就倒了。

这时,蜻蜓不知所措,到处乱飞。乌鸦站在大树上对蜻蜓说:"蜻蜓妹妹,你还是听我的话飞走吧,去寻找属于你自己的池塘!"

"不,我就要待在这里,只有这里才是我的家园。"蜻蜓固执地说。

乌鸦听完后，无奈地摇了摇头，飞向了远方。

当天晚上，洪水暴发。汹涌的洪水淹没了杂草，蜻蜓也失去了藏身之地，最终被洪水冲走了。

乌鸦觅食归来后，看着眼前的一切，感叹道："蜻蜓真是固执呀！倘若它愿意早一分钟离开这里，就不会被洪水淹没了。"

很可惜，蜻蜓因为固执而丧失了生命。乌鸦的劝告明明是善意的，它却听不进去。从臭水沟到荷花池的路并不遥远，可是蜻蜓却不愿意离开自己的小圈子。如果它听了乌鸦的劝告，它的命运将截然不同。

蜻蜓不是死于洪水，而是死于自己的固执。

一个很好玩的故事，讲述的是一个性格冲突的典型事件。我们在编辑短视频文本时，不妨多看看，多听听，肯定会得到不少的启发。

第五章

短视频拍摄与剪辑

5G时代，短视频越来越受到受众的追捧。面对竞争，如何提升短视频的制作水平，进而实现更好的传播效果，达到变现的目的呢？这就涉及专业的拍摄和剪辑技术，从视频拍摄前期构思到拍摄的手法运用，再到后期剪辑，要运用新技术，开拓新思路，不断推出受众喜爱的短视频节目。

第一节
短视频拍摄流程与分工

短视频拍摄流程包括脚本策划、实施拍摄、后期制作和宣传发布几个步骤，人员涉及编剧、导演、摄影师、剧务、后期剪辑及后台人员等。当然，如果初期你的资金紧张，无法雇用那么多专业人员，一切工作可能全部要由你一个人完成，尽管是一个人包揽下了所有的工作，但下列流程方面的环节一个也不能缺少。等你能够雇用专业人员了，这些基本的流程和要求则是你考察你的团队是否专业的标准。

一、短视频拍摄流程

一般来说，短视频拍摄是按下面的步骤展开的：

第一步：确定脚本

首先必须明确主题，锁定目标群体，并根据受众需求决定脚本的主题。

第二步：搭建脚本架构

基本主题确定后，就可以开始搭建脚本框架。以故事类短视频为例，其框架的核心必须包含三个部分，即角色、场景和事件。由于短视频一般时长较短，因此需要制作者在有限的时间内设定矛盾、冲突、顺势、逆势等重要节点，以更好地表达所要传递的内容。

第三步：拍摄视频

在拍摄短视频时，首先要防止画面杂乱无章、主体对象不突出等现象的出现。成功的画面构图必须保证作品画面的简洁明晰，并做到主题突出，主次分明，这样才能使受众在观看时感到赏心悦目。其次是要保证视频画面的高质量，如高画质、色彩清晰等。其中，因手抖而导致画面清晰度下降是首要问题，拍摄者在拍摄时可借助各种防抖器材，如比较流行的稳定器和传统的三脚架、独脚架等保持画面清晰。

第四步：后期剪辑

拍摄完之后，接下来就是把素材充分地利用起来。剪辑时，剪辑人员要根据拍摄脚本和导演的意图，围绕作品的主题、思路进行剪辑，并根据内容要求在画面中加入各种转场、多画面等特技效果，并对画面进行调色处理。在这里，我们需要注意的是，短视频不是剪辑师的炫酷场，一旦特效过度，往往会冲淡主题，给受众以混乱的感觉。

剪辑可分为初剪和精剪两个步骤。初剪就是把拍摄的素材进行初步剪辑，把需要的素材放在一起，剔除不需要的内容；初剪合格后就要进行精剪，这个步骤需要细心和耐心，要一帧一帧地检查画面质量。

第五步：添加音乐、对话素材

精剪完成后需要根据最初的创意给精剪过的素材添加合适的背景音乐，并仔细调整人物的对话语音，做到音乐、对话精准，并对主题起到解释、烘托、深化作用。

第六步：配音字幕合成

为短视频添加字幕、添加解说配音、制作片头片尾，并全部合成到视频画面中，制作成最终的短视频。

第七步：添加标题封面

视频的标题和封面很大程度上决定用户是否点击，一个吸引人的标题和一个引人注目的画面，会为你带来不少的点击量。

第八步：输出完成的短视频

剪辑完成后，创作者可以采用多种形式输出完成的短视频。目前，短视频的输出格式大多为MP4格式，也可生成avi、h264等格式。

第九步：发布短视频

选择适合的短视频平台发布你的视频，一般情况下，可以基于内容和受众的分析，选择发布在不同的平台上。

如果是客片（即为广告客户制作的短视频），我们还需要注意以下内容：

（1）与客户初步沟通，确定表现内容和形式。在沟通过程中，你必须了解客户广告宣传片的目的、用途和拍摄形式：是硬广还是形象广告？拍摄场景要求是什么？拍摄时间是什么？是否需要以及聘请什么样的模特？

（2）做出初期创意脚本方案和视频宣传片报价。就企业视频宣传片制作流程和拍摄的长度、规格、交片日期、任务等与客户达成一致，并确定制作时间表，明确费用、制作设备、交片日期等重要内容，并签订合同。

（3）合同签订后，成立视频宣传片制作组，并由导演及摄像进行前期现场勘景。

（4）撰写分镜头剧本，交客户审定。

（5）待客户确认拍摄脚本和解说词后，进行前期拍摄。

（6）拍摄完成后，由剪辑师、录音师等后期人员对短视频进行后期制作，一般包含初剪、精剪、配音和混音四个阶段。

（7）将制作好的短视频送交客户审阅，并根据客户意见进行修改。

（8）客户终审，完成短视频制作。

二、短视频制作分工

1. 导演

导演是短视频拍摄工作的负责人,其具体职责是负责人员的安排、工作的组织开展、现场指挥调度,并对短视频的质量进行最终把控。

其具体岗位职责如下:

(1)根据项目要求挖掘选题,完成选题素材、故事收集与整理及项目前期策划;

(2)负责组织和协调团队工作,保持工作秩序;

(3)监督并参与短视频后期剪辑及调色、输出等工作;

(4)指导短视频的整个制作过程,对短视频整体质量负责。

2. 编剧/策划

编剧/策划主要负责短视频内容的策划,并进行脚本创作。

其具体岗位职责如下:

(1)根据项目要求,做出符合市场需求的短视频策划方案及完整的创作构思方案;

(2)具有较强的策划能力,能够独立撰写脚本大纲,对色彩、构图、镜头语言比较敏感;

(3)参与拍摄与录制,推动拍摄任务的实施;

(4)参与后期剪辑,负责视频包装(片头、片尾的设计)等。

3. 演员

演员的任务是根据短视频脚本进行表演。

不同类型的短视频,对演员的要求也不同,比如:

(1)喜剧类短视频一般要求演员五官及肢体特征明显;

(2)脱口秀类短视频一般要求演员有夸张的表现能力;

（3）故事类短视频一般要求演员有一定的表演能力和表演天才；

（4）舞蹈类、音乐类等短视频要求演员符合大众审美特点；

（5）特殊角色要求有相应职业的基本功，如京剧、书法、武术等；

（6）朗诵类短视频要有音色特点；

（7）叙事类短视频要求演员形象符合角色特征。

4. 摄像师

摄像师须按导演和剧本要求，进行短视频拍摄工作。摄像师的水平在很大程度上决定着短视频质量的好坏，因为短视频的表现力及意境是通过镜头语言来表现的。一名优秀的摄像师不仅能够顺利地实施拍摄计划，还能给剪辑师留下非常好的原始素材，使后期工作得以顺利展开。

一名优秀的摄像师须具备以下专业技能：

（1）了解脚本语言和镜头使用规范；

（2）掌握精湛的拍摄技术；

（3）具备基本的视频剪辑能力，从而有针对性地进行拍摄，为剪辑师的工作创造空间。

5. 剪辑师

剪辑师是短视频制作后期人员，其主要工作是对拍摄完成的各种画面素材和声音素材进行筛选、整理、拼接，并借助编辑软件给这些素材配乐、配音、添加特效，制作出完整的短视频节目。

剪辑师需要具备以下专业技能：

（1）能够对素材进行快速挑选和整理；

（2）熟练地剪辑素材；

（3）了解配音和配乐。

6. 运营人员

运营人员负责短视频账号的日常运营与推广工作，其主要工作内容包括：账号的更新与维护、内容发布、与用户的互动以及账号各种数据的收集与跟踪等。

运营人员需要具备以下专业技能：

（1）分析能力。要善于学习和分析其他短视频的优势，并不断提高自己短视频的市场影响力。

（2）学习创新能力。在工作中不断摸索前行，及时学习短视频运营的各种知识，形成自己的运营方式。

短视频运营人员的工作十分重要，因为它直接关系到短视频能否引起平台注意和受众关注，并进而影响到短视频是否会得到推广，能否顺利进入商业变现流程。因此，运营人员不仅要时刻保持对用户需求的敏感度，准确把握用户的需求，仔细了解用户的喜好、习惯及行为，还要随时关注各大短视频平台的变化、政策法规要求和变化，及时对接短视频平台，以更好地完成短视频的传播推广工作。

在短视频拍摄工作中，从编剧/策划到导演、从剪辑师到运营人员，每个岗位都十分重要，缺一不可。只有各个岗位的人员都充分发挥自己的能力，相互协调、相互合作，才能制作出让平台满意、让受众欣慰的短视频。

第二节
短视频后期编辑

后期编辑就是将一个个镜头组合连接起来,成为一个整体。要想做到镜头组接流畅、合理,应遵循以下原则。

一、各镜头协调统一

各个镜头之间的组接要符合逻辑规律,各段落内的画面亮度和色彩影调应协调统一,画面的清晰度、情节内容等也应保持一致,否则会产生"接不上"的现象。

短视频镜头这个概念是从电影中借鉴过来的,它是电影和短视频结构的基本单位,是指摄影机从开机到停机连续运转一次所摄取的画面,这部分就叫作一个镜头,也就是所谓的分镜头,短视频和电影的成片就是由这样的许许多多镜头组成的。

短视频和电影的镜头有很多种类。按拍摄方法,可分为移动镜头和固定镜头:移动镜头又可以细分为被摄主体运动镜头、陪体运动镜头;固定镜头可分为陪体静止镜头和被摄主体静止镜头等。在镜头运用上,移动镜头又可以分为摇移镜头、推拉镜头等。依被摄对象和摄影机之间的位置、距离不同,又分成特写、近景、中景、全景等镜头。

短视频是由这些多种多样的"镜头"组成的，所以，在后期编辑中就必须保证镜头组接之间的连贯性和流畅性。比如运动镜头接固定镜头或固定镜头接运动镜头，两个镜头中间一定要有缓冲因素来过渡，否则会显得突兀。缓冲因素是指镜头中被摄主体的动静变化和运动的方向变化，或者活动镜头的起幅、落幅或动静变化等，利用缓冲因素选取剪接点使镜头的切换自然、流畅。

二、选好动作剪接点

在展示运动画面时，如果前一镜头中被摄主体在做某一动作，那么后一镜头中就必须展现被摄主体刚刚动作变化的过程，以保证被摄主体的动作连贯和变化自然。

三、遵循轴线规律

当被摄主体向多种方向运动时，镜头要有一个主轴线，以保证被摄主体在方向和位置上的视觉统一。所谓镜头主轴线可以这样理解，就是摄影师的视线始终不能超过想象中的一条直线，不能一会儿在直线的这一边，一会又跑到另一边，摄影师的视线必须始终保持在这条直线一侧。

在拍摄短视频时，不管摄影师遇到多么复杂的角度或运动，都要遵循这一规律，一旦越过这条轴线，视频画面就很容易让观众产生空间错乱感。剪辑短视频时，同样也要遵循这个规律。在专业摄影中，这条规律叫轴线规律，越过轴线被称为越轴。

四、控制镜头组接的时间长度

每个镜头展示的时间长短，要根据表达内容的需要和观众的喜好程度来决定，比如大家喜爱的可能都想多看一会儿，而不喜爱的可能只能占最短的时间。此外，摄影师还要考虑其他可能影响镜头长短的因素，比如构图因素等。

每个镜头所包含内容不同，因此长短也就不同。大景别的镜头，如远景、中景等，所包含的内容一般比较多，如果想让观众看清楚镜头中的内容，就需要相对长一些的时间，当然，如果这些镜头中没有必要的内容，大可缩短时间；近景、特写镜头属于小景别的镜头，所包含的内容较少，一般情况下受众可以在短时间内看清楚，所以时间可以相对短一些。当然，时间的长短要根据你所表达的内容决定，同样是特写镜头，如果其中有重要的情绪表达或者隐含意义，那时间肯定要长一些。

五、转场要有技巧

转场镜头是指从一个画面到另一个画面之间的衔接或过渡部分所使用的镜头，比如第一个镜头为长城，第二个镜头为故宫，那么这两个镜头之间用什么镜头衔接呢？你可以选择蓝天白云，也可以选择飘扬的战旗，这就是转场镜头。

在短视频中，转场镜头非常重要，它承担着厘清段落、划分层次、连接场景、转换时空和承上启下的任务。利用合理的转场手法和技巧，既能满足观众的视觉心理，保证其视觉的连贯性，又可以产生明确的段落变化和层次分明的效果。

在短视频中，上下镜头之间转场的方法主要分为无技巧转场和技巧转场两种。

1. 无技巧转场

无技巧转场镜头，又被称为直接切换镜头，属于简单粗暴的镜头直接相连。使用这种镜头时，要多利用前后镜头在内容或造型上的关联。内容或造型上相关联才能使镜头连接自然、流畅，让受众观看时有一种舒畅的感觉。这种技巧在短视频后期编辑中使用较多。

在短视频编辑中，无技巧转场主要包括以下几种：

切：又称切换，即直接转场，是运用较多的一种基本镜头转换方式，也是最主要、最常用的镜头组接技巧。

运动转场：就是借助运动中的人物、动物或交通工具来进行转换镜头，它可以通过摄像机运动来完成，也可以通过前后镜头中人物的动作、动物的跑动或交通工具的运动来完成转换。

相似关联物转场：就是利用相同或相似的被摄主体形象来完成转换，比如前一个镜头是某个人物的眼睛，接下来的镜头是另一个人的眼睛，或者前一个镜头是红色的旗帜，后面一个镜头是红色的树叶，等等。总之，就是要利用被摄主体的相似性来完成镜头的组接，使场景更具有视觉上的连续性。

特写转场：无论前一个镜头是什么，后一个镜头都可以是特写镜头。特写镜头具有强调画面细节的特点，可以暂时集中观众的注意力，在一定程度上弱化观众的视觉跳动。

空镜头转场：就是指利用景物镜头来进行转场过渡。景物镜头可以是群山风貌、山村田野、天空白云，也可以是季节变化，还可以是飞驰而过的火车、建筑雕塑等物体，其作用在于弥补叙述性短视频在情绪表达上的不足，为情绪表达提供空间，同时又能使高潮情绪得以缓和、平息，从而转入下一段落。

主观镜头转场：主观镜头是指使用与人物视觉方向相同的镜头进行转场，比如，前一镜头表现人物抬头凝望天空，后一镜头可能就是蓝天中一架飞机划过，并由此引发故事；或者前一镜头是即将退役的网球运动员看到衣柜上的比赛获奖的照片，后一个镜头则切换到网球运动员在网球场上比赛的场景，从而引发更多的情绪和故事。

声音转场：指的是用音乐、解说词等实现画面转场。例如，利用歌曲贯穿前后镜头，让受众在歌声中自然而然地进入下一镜头。

遮挡镜头转场：遮挡镜头是指镜头被某个形象暂时挡住。依据遮挡方式的不同，遮挡镜头转场可以分为两类情形：一类是被摄主体迎面而来遮挡摄像机镜头，形成暂时的黑色画面，另一类是画面内的前景暂时挡住画面内的其他形象，成为覆盖画面的唯一形象，例如，拍摄街道时，前景闪过的汽车会在某一时刻挡住其他形象。

2.技巧转场

技巧转场是一种分割式的镜头转换，包括渐隐、渐显、叠入、叠出、划入、划出、甩切、虚实互换等转场方式。这类转场主要是通过设计某种效果来实现的，具有明显的过渡痕迹。

渐隐/渐显：又被称为淡出、淡入。渐隐（淡出）是指画面逐渐暗淡或变亮，最后完全消失；渐显（淡入）则正好相反，是指画面从全黑或全白中逐渐显现，直到成为正常画面。

叠入/叠出：前一镜头的结束与后一镜头的开始叠在一起，镜头由清楚到重叠模糊再到清楚，两个镜头的连接融合渐变，给观众以连贯的流畅感。

划入/划出：就是前一镜头从某一方向退出，下一镜头从另一方向进入。

甩切：一种急速转换的镜头，让观众视线跟随快速闪动的画面转移到另一个画面。甩切时，画面突然变得模糊不清，并立即切换到另一个正常画面，这种转场方式会给观众一种不稳定感。

虚实互换：利用对焦点的选择，使画面中的人物发生清晰与模糊的前后交替变化，形成人物前实后虚或前虚后实的互衬效果，使观众的注意力迅速集中到焦点清晰的画面中，从而实现镜头的转换。也可以是整个画面由实变虚，或者由虚变实，前者一般用于段落结束，后者一般用于段落开始。

定格：又称静帧，就是将前一画面的结尾处理成静态效果，使观众产生瞬间的视觉停顿。定格具有强调作用，是影片中常用的一种特殊的转场方法。

多屏画面：把一个屏幕分为多个画面，可以使双重或多重的短视频同时播放，大大地压缩了短视频的时长。例如，在打电话场景中，将屏幕一分为二，电话两边的人都显示在屏幕上，打完电话后，打电话人的镜头没有了，只留下接电话人的镜头。

第三节 剪辑工具，短视频细节打磨的利器

借助各类视频后期编辑工具，短视频制作者能够轻松实现短视频的合并与剪辑、视频调速调色、添加字幕、设计音频特效等操作。下面介绍一些常用的短视频后期编辑工具。

一、常用的移动端短视频编辑工具

目前比较流行的移动端视频编辑工具主要有剪映、巧影、快剪辑、小影、InShot、VUE Vlog和乐秀等。

1. 剪映

剪映是由抖音官方推出的一款手机视频编辑工具，带有全面的剪辑功能，支持变速，有多种滤镜和美颜效果及丰富的曲库资源。自2021年2月起，剪映支持在手机移动端、iPad端、Mac电脑和Windows电脑全终端使用。剪映专业版Mac V1.0版的Windows版界面更清晰，面板更强大，为高阶专业人群提供了更多创作空间。

剪映提供了快速自由分割视频及一键剪切视频的切割功能、0.2～4倍的节奏快慢变速功能、时间倒流的倒放功能、多种长宽比和字幕的字体功能、海量音乐选择的曲库功能、一秒变声的变声功能、多种高级专业的滤镜风格以及智能识别脸型的滤镜、美颜功能、色度抠图、曲线变速、视频防抖、图文成片等高级功能。

剪映操作简单，点击化的操作界面，让视频制作的初学用户也能利用这款工具制作出自己心仪的短视频。

2. 巧影

巧影作为一款功能全面的短视频处理App，适用于Android系统、谷歌Chrome OS系统和iOS系统，能为用户提供丰富的视频层、图片层和文字层等编辑手段，可以进行一键抠图、多倍变速、多尺寸屏幕、超高分辨率输出以及多层视频、多层混音、关键帧动画等操作。

3. 快剪辑

快剪辑是一款适用于PC端和移动端的在线视频剪辑软件，其最大特点就是可以在线边观看边剪辑，大大提高了视频制作效率。

4. 小影

小影是2013年初杭州趣维科技有限公司推出的一款手机视频App。该软件不仅具有拍摄视频功能，同时拥有极强的剪辑功能，使用该软件不仅可以实现多镜头同时拍摄，而且可以选择自带的多种实时滤镜，让拍摄更好玩、更有趣。在后期剪辑方面，该软件可以进行剪切、背景音乐、设置滤镜、转场、添加片头片尾等基础后期编辑，还可以进行实时配音、一键制作风格大片等操作，并且该软件后台的主题、滤镜、海报、字幕素材等会不断定期更新。

5. InShot

InShot是一款功能强大、操作简单的视频制作App，在进行视频剪辑时，可为用户提供视频调速、增加音乐音效以及录音、动画贴纸、滤镜和特效、超级转场、照片编辑和拼图等操作功能。

作为一款后期剪辑软件，InShot功能全面，它还拥有画布、滤镜、贴纸、速度、旋转、翻转、背景、文本、音乐等功能，其滤镜有10多种可供选择，包括故事、LOMO、亲切、复古、自然、备忘录、拿铁、黑暗、露水、葡萄、古董、收获等多种样式。

6. VUE Vlog

VUE Vlog 是一款常用视频拍摄和编辑工具，并拥有自己的短视频平台。该软件为用户提供了音乐、字体、边框、贴纸、滤镜、转场等样式和多种素材，让用户通过简便操作就可实现Vlog的拍摄、剪辑、细调和发布。

使用VUE软件，你可以给每一个分镜单独添加一个或多个滤镜，同时，你也可以在方形、标准宽屏和超宽屏选项中选择不同比例的画幅，既可以让你的Vlog拥有专业电影的画幅感，也可以让你的Vlog轻松愉悦。此外，它的滤镜也与众不同，大多采用与电影风格相近的形式，比如"菊次郎的夏天""阳光灿烂的日子""重金属外壳"等滤镜，采用的就是同名电影的风格。

7. 乐秀

乐秀是一款专注于短视频的拍摄与编辑的视频编辑器，全面适配微信、微博、优酷、抖音、腾讯视频等短视频应用平台，拥有视频剪辑、视频美颜、胶片滤镜、动画贴纸、海量音乐等功能，同时支持高清视频导出。

乐秀最大的特点是其开发的手绘功能，可以轻松将视频和照片转变为手绘效果，它的多种转场效果如淡入、淡出、百叶窗、溶解、变小、视频美白以及英伦风、怀旧、素描等10款滤镜特效，让视频拍摄和制作变得更加有趣。

8. Pr手机版

Pr手机版是视频专业编辑软件Adobe Premiere的移动应用版，可广泛用于安卓和苹果系统，该软件拥有Pr电脑版的全部功能，功能非常强大，不愧为专业编辑软件的力作。

Pr手机版不仅拥有电脑版的基本编辑功能，而且拥有上万种开发工具，使用者可随时随地通过手机进行视频剪辑，轻轻松松创造出具有震撼力的短视频大片。在特效工具箱，Pr手机版提供了视频裁剪/拼接、转场效果、大片效果、胶片滤镜、美颜美图、电子视频相册、拍摄等多种功能，同时，该软件还拥有添加本地音乐、调整音量、添加实时字幕等功能，其对视频的亮度、对比度、饱和度等方面的调整也非常方便快捷。

二、常用的PC端视频编辑工具

在PC端，我们经常用的软件主要有Premiere、After Effects、Edius、会声会影、爱剪辑、达芬奇和Final Cut Pro等。

1. Premiere

Adobe Premiere是Adobe公司推出的一款专业视频编辑软件，简称Pr，是目前广泛应用于影视编辑、广告制作、电视节目制作的软件。它提供了从素材采集到视频剪辑以及调色、音频添加、字幕制作、专业输出等一整套的编辑流程，并通过和该公司出品的其他软件如AE、AU等协同配合，已经成为视频编辑得心应手的编辑工具。

区别于传统的线性编辑，Pr属于非线性视频剪辑软件，也就是没有时间上连续性的限制，编辑们可以随意调取各种素材，并在非固定时间、空间内进行编辑创作。该软件提供了各种视频段落的组合和拼接方法，并提供较多的调色与特效功能，同时可同第三方插件以及AE、AU等软件无缝连接，充分满足视频编辑和制作需求。

2. After Effects

After Effects是Adobe公司研发的另一款图形视频处理软件，简称AE。相较于Pr，AE更注重视频的特效合成，并将特效合成技术发展到了新高度，它引入了Photoshop图层技术，使软件可以通过各种图层处理图像、画面；其沿用的PR关键帧、路径技术和视频处理系统，确保了高质量的输出；此外，该软件还保留与Adobe公司其他软件的相互兼容，可以帮助在其他软件如C4D等的帮助下进行3D、4D合成，是目前较为常用的视频软件之一。

3. 会声会影

会声会影英文名为Corel Video Studio，是加拿大Corel公司制作的一款视频编辑软件，其主要特点是界面简洁，操作简单，非常适合家庭或个人使用。

会声会影主要功能包括运动跟踪、定格动画、屏幕捕捉、字幕编辑、轨道切换、html5优化、转场、调色滤镜、视频特效滤镜、渲染、3D视频、三维模式、多相机编辑器、多点运动追踪、音频滤镜库等，是目前较为流行的一款简单易学编辑软件。

4.Final Cut Pro

Final Cut Pro是专为Mac iOS平台设计的一款高性能视频剪辑软件，是一款较为实用的软件。

Final Cut Pro编辑功能非常强大，比如时间线的分布和排列，可以在时间线的一个位置上循环显示不同镜头、图形或效果；内容自动分析功能可以自动采集元数据并在后台分析；2D和3D字幕动画，可以自由更改字幕效果；直观的颜色分级让编辑人员可以更加快捷地处理颜色、饱和度和曝光等内容；抠像和遮罩功能让编辑更加顺畅。

5.达芬奇

达芬奇可以说是目前最流行的调色软件，在电影、电视、广告、制作中都能看到达芬奇调色的身影。

此外，达芬奇软件还能在同一时间线上对混合格式、混合像素和混合分辨率的素材进行各种操作，并对高光、饱和度等进行更具创造力的制作。特别值得一提的是达芬奇的3D物体跟踪器，对航拍作品的编辑具有很强的控制能力。

6.爱剪辑

爱剪辑是国内首款全能的视频剪辑软件，号称拥有最全的视频与音频格式支持能力。

不同于其他的软件，爱剪辑的编辑重在体验性，比如其叠加贴图设计，让编辑工作和最终成品充满了乐趣；"摆动""转动""闪动"等数十种贴图动画，会让观众瞬间捧腹大笑；逼真的文字特效、卡拉OK效果等，操作简单方便。

三、使用剪映App编辑短视频

下面我们具体介绍如何使用剪映App编辑短视频，其中包括快速编辑短视频和制作特效短视频。

在剪映中，用户可以添加并编辑多段视频素材，包括添加背景音乐，并根据音乐节奏修剪视频素材，调整视频素材效果，以及添加音效、转场、动画、文字和特效等。

1.修整视频素材并添加背景音乐

（1）打开剪映App，在界面下方点击"剪辑"按钮，然后点击"开始创作"按钮。

（2）在打开的界面中选择视频素材，此处可以选择多段素材，然后在界面下方点击"添加到项目"按钮。

（3）进入视频编辑界面，双指拉伸或捏合视频条或时间轴空白区域，可以放大或缩小时间轴，若要调整视频素材的顺序，可以长按视频素材，然后拖动进行调整。

（4）点击"关闭原声"按钮，在界面下方点击"音频"按钮，在打开的界面中选择音乐类型，点击"使用"按钮。

（5）拖动时间轴，将时间线定位到节奏点的位置。点击视频素材，在下方点击"分割"按钮。

（6）点击不需要的视频素材，将其删除。

（7）采用同样的方法，对音频素材进行修剪，将多余的音频素材删除。

（8）选中音频素材，点击下方的"淡化"按钮，在打开的界面中调整淡出时长，然后点击"√"按钮。

（9）点击两段视频素材剪接处，在打开的界面中选择"运镜转场"下的某个转场效果，然后点击界面下方的"√"按钮。采用同样的方法，为其他视频片段添加转场效果。

（10）将时间线定位到视频素材的开始位置，然后点击"音乐"按钮，再点击"录音"按钮，可使用手机进行音频录制。

（11）打开抖音App，搜索刚才录制的音乐并将其打开，然后点击界面右下方的"音乐碟片"图标，点击"收藏"按钮，将所选音乐添加到"我的收藏"。

（12）返回剪映App，添加音乐，选择"抖音收藏"选项，选择刚刚收藏的音乐，然后点击"使用"按钮。

（13）在界面下方点击"音量"按钮，可以调整音效的音量。拖动视频素材两端的按钮，可以选择视频素材的入点和出点位置。

（14）选中视频素材，在界面下方点击"滤镜"按钮，在打开的界面中选择所需的滤镜效果，拖动滑块调整滤镜强度，然后点击右下方的"√"按钮。

（15）选中视频素材，在界面下方点击"调节"按钮，在打开的界面中对亮度、对比度、饱和度、高光、阴影等进行调整，然后点击界面右下方的"√"按钮。

2. 添加特效

（1）将时间线定位到你需要添加特效的视频的开始位置，然后在界面下方点击"特效"按钮。

（2）在打开的界面中选择你所需要的特效，然后点击"√"按钮。

（3）若不满意此特效，可以点击"替换特效"按钮，重新选择。

（4）继续在其他部分添加特效。

3. 添加文字

（1）将时间线定位到要添加文字的位置，然后点击"文本"按钮，在打开的界面中点击"新建文本"。

（2）输入文本，选择"样式"选项，设置文本样式。

（3）选择"动画"选项，点击"入场动画"分类，在界面下方选择你所需要的动画，拖动滑块调整动画持续时间，然后点击"√"按钮。

（4）将时间线定位到入场动画结束位置，在界面下方点击"分割"按钮，对文本进行分割，然后选中右侧的文字。

（5）在视频画面中连续点击两次文字，可对文字进行编辑。

（6）在打开的界面中设置视频的分辨率与帧率，然后点击"确认导出"按钮。

（7）导出完成后，点击"完成"按钮。

（8）在剪映App的"剪辑草稿"中查看剪辑过的视频，点击视频右侧的按钮，可以进行重命名、复制草稿、删除等操作。

（9）至此完成编辑，可选择"发布"命令。

四、使用Pr编辑短视频

Pr可以编辑出较为专业的短视频，其视频修剪、视频调速、添加视频转场、制作文字动画、绿幕视频抠像、视频画面调色、录制、编辑音频以及导出等编辑方法，使用简单方便，效果极佳。

1.视频修剪

（1）启动 Pr，单击"文件"中"新建"的"项目"命令，在"新建项目"对话框中单击"浏览"按钮，设置项目保存位置、输入项目名称，单击"确定"。

（2）在"项目"面板中双击或按"Ctrl+1"组合键，弹出"导入"对话框，选中要导入的图片和音频素材，然后单击"打开"按钮。

（3）单击"项目"面板右下方的"新建项"按钮，在列表中选择"序列"选项。若要创建与视频素材大小、帧速率都相同的序列，可以直接将视频拖至"新建项"按钮上。如需调整，可在弹出的"新建序列"对话框中选择"HDV 1080p24"选项，输入序列名称，在对话框右侧可以查看预设描述，即视频的帧大小为"1440h 1080v（1.3333）"，帧速率为"23.976帧/秒"。单击"确定"按钮，即可创建序列，并在时间轴面板中打开。

（4）在时间轴上双击音频，拖动标记可以调整标记的位置。如需删除标记，可以用鼠标右键在目标处单击，在弹出的快捷菜单中，点击"清除所选的标记"命令。

（5）在"项目"面板中双击视频素材，在源监视器中查看素材。按"L"键播放视频，按"K"键暂停播放，按"J"键倒放视频；多次按"L"键或"J"键，则可以进行快进或快退；按"←"或"→"方向键，可以执行"后退一帧"或"前进一帧"操作。单击"标记入点｛"按钮或按"I"键，标记剪辑的入点，单击"标记出点｝"按钮或按"O"键，然后拖动"仅拖动视频"按钮到时间轴面板中，可标记出点。

（6）将入点、出点间的视频素材拖到时间轴面板，然后，用选择工具将视频素材出点拖动到音频的标记位置，也可以使用剃刀工具在标记处切割视频素材，然后将其删除。

（7）采用同样的方法，将视频素材拖至时间轴面板中，选择视频素材并单击鼠标右键，在弹出的菜单中选择"缩放为帧大小"命令，即可根据序列大小自动调整视频素材的大小。

（8）若要调整视频素材大小，可以先选中视频素材，然后在"效果控件"面板中调整缩放参数。

2. 视频调速

（1）在时间轴面板中添加视频素材，按"R"键调用比率拉伸工具，对视频条进行拉伸，即可改变视频的播放速度。

（2）用鼠标右键单击视频剪辑左上方的按钮，在弹出的快捷菜单中选择"时间重映射"—"速度"命令，将轨道上的关键帧控件更改为"速度"控件。

（3）在关键帧线上按住"Ctrl"键的同时单击，即可添加关键帧。向上或向下拖动关键帧线，即可进行加速或减速设置。

（4）按住"Alt"键的同时拖动关键帧，可以移动关键帧的位置。

3. 添加视频转场

（1）在菜单栏中单击"编辑"—"首选项"—"时间轴"命令，弹出"首选项"对话框，设置"视频过渡默认持续时间"为16帧，然后单击"确定"按钮。

（2）打开"效果"面板，在"视频过渡"选项下选择所需要的效果，并将选择的效果拖至两段视频素材的剪接点位置，即可添加视频过渡效果。

（3）除了使用Pr内置的视频过渡效果外，用户可自己制作过渡效果，还可以下载并安装视频过渡插件。由于本书的重点不是讲解Premiere使用技巧，在这里就不一一赘述了。

4. 制作文字动画

（1）按"T"键调用文字工具，或用鼠标在工具面板中选择文字工具，然后，在节目监视器中单击输入所需的文字。

（2）选中要设置格式的文字，在"效果控件"面板中设置文字格式。

（3）打开"效果控件"面板，在"不透明度"选项下单击"钢笔工具"按钮，添加蒙版。

（4）在节目监视器中使用钢笔工具绘制蒙版路径。

（5）在"效果控件"面板中设置"蒙版羽化"参数，启用"蒙版路径"关键帧动画。

（6）在"效果"面板中可将"基本3D"效果拖至第2个文字素材上，并在"效果控件"面板中设置"基本3D"效果参数。

5. 绿幕视频抠像

（1）在"项目"面板中将绿幕视频素材拖至时间轴面板的轨道上（除"视频1"以外的其他轨道），在"效果"面板中将"超级键"效果拖至绿幕视频素材上，然后在"效果控件"面板中单击"吸管工具"按钮。

（2）在节目监视器中，使用吸管工具单击绿幕背景。

（3）此时，即可查看抠像效果。

（4）在"效果控件"面板的"超级键"选项中，设置"输出"为"Alpha通道"。在节目监视器中查看抠像效果，其中白色为不透明区域，黑色为透明区域，可以检查抠像效果。

（5）在"效果控件"面板的"超级键"选项中设置"遮罩生成"选项下的"高光""阴影""容差""基值"等参数，调整抠像效果。设置"遮罩清除"选项下的"抑制"和"柔化"参数。

（6）在"效果控件"面板的"超级键"选项中设置"输出"为"合成"，在"项目"面板中将图片素材拖至时间轴面板的"视频1"轨道上，为抠出的图像添加背景。

（7）在"效果控件"面板中单击"超级键"效果左侧的"fx"按钮，暂时关闭该效果。再次为绿幕视频素材添加"超级键"效果，并将其移至原"超级键"效果的上方（上方效果的优先级要高于下方效果），单击"钢笔工具"按钮，添加蒙版。

（8）使用钢笔工具在视频画面上绘制蒙版路径。

（9）按照前面介绍的方法，使用"超级键"效果进行绿幕抠像，抠像完成后，在"效果控件"面板中启用关闭的"超级键"效果。若依然存在没有抠好的位置，可以继续添加"超级键"效果对该位置进行抠像。

6. 视频中画面的调色

（1）打开文件创建调整图层，并将其拖至"视频2"轨道上，然后选中调整层。

（2）在节目监视器中查看此视频中画面的颜色。

（3）在Pr窗口上方选择"颜色"选项，切换到"颜色"工作区。选择"Lumetri范围"面板，程序将对当前视频画面亮度和色度的不同分析显示为波形，帮助用户准确评估剪辑，进行颜色校正。用鼠标右键单击或者单击"设置"按钮，在弹出的菜单中选择"分量（RGB）"命令。

（4）此时，将显示RGB分量颜色信息，在调整画面颜色时，可以根据颜色的波形信息进行调整。

（5）在"Lumetri颜色"面板的"基本校正"选项中调整视频中画面的色调。

（6）展开"RGB曲线"选项，可以使用曲线调整画面的亮度和色调范围。单击曲线可以添加调节锚点，按住"Ctrl"键的同时单击锚点可以将其删除。

（7）展开"色相饱和度曲线"选项，根据需要调整"色相与饱和度""色相与色相""色相与亮度"等曲线。

（8）在"色轮和匹配"选项中调整阴影、中间调和高光颜色。

7. 录制并编辑音频

（1）打开文件，在菜单栏中单击"编辑"—"首选项"—"音频硬件"命令，弹出"首选项"对话框，在"默认输入"下拉列表框中选择音频输入设备。

（2）在打开的对话框左侧选择"音频"选项，在对话框右侧选中"时间轴录制期间静音输入"复选框，该设置可以避免录音时出现声音延迟现象，然后单击"确定"按钮。

（3）在时间轴面板的音频轨道中单击"画外音录制"按钮，开始播放视频，此时使用话筒进行录音即可。录音完成后，在节目监视器中单击"停止"按钮。双击音频轨道将其展开，上下拖动关键帧线，可调节音量；按住"Ctrl"键并单击关键帧线，可添加关键帧。

（4）在菜单栏中单击"窗口"—"基本声音"命令，打开"基本声音"面板，在"对话"选项下通过调整各项参数，对声音进行修复。在"预设"下拉列表框中还可选择所需的预设声音效果，如"清理嘈杂对话"。

音频调整完成后，若要将其导出到计算机，可用鼠标右键单击音频，在弹出的菜单中选择"渲染和替换"命令，即可将其导出到项目文件所在的位置。还可以通过"效果"面板为音频添加多种效果，如添加"音高换挡器"效果，对声音进行变调处理。

8. 导出视频

（1）在时间轴面板中，用鼠标选定要导出的视频，或者单击节目监视器将其选中。

（2）按"Ctrl+M"打开"导出设置"对话框，在"格式"列表框中选择"H.264"选项（即MP4格式）。

（3）单击"输出名称"，选择右侧的文件名，在弹出的"另存为"对话框中输入文件名，选择短视频保存位置，然后单击"保存"。

（4）返回"导出设置"对话框，选择"视频"选项卡，调小"目标比特率（Mbps）"数值，对视频进行压缩，以减小短视频的体积。设置完成后，单击"导出"按钮，即可导出短视频。

（5）若要导出序列中的某一视频片段，可以在节目监视器中为此视频片段标记入点和出点。用鼠标右键单击视频画面，在弹出的菜单中选择"清除入点和出点"，可删除入点和出点。

（6）按"Ctrl+M"组合键打开"导出设置"对话框，在对话框左下方的"源范围"下拉列表框中选择"序列切入/序列切出"选项。在对话框左上方单击"裁剪输出视频"按钮，对视频进行裁剪。设置完成后，单击"导出"按钮，即可导出短视频。

第六章

如何包装自己的短视频

细节决定成败，想要做好短视频，包装工作就是一个不容疏忽的环节，尤其是新手，刚注册账号便着急开始发布各种视频，这样根本无法吸引精准的用户关注。而拥有成功的包装，无形之中就能给粉丝留下深刻的印象，极大地提高粉丝关注率。绝大多数的账号包装都涉及标题写法、勾选标签、账号名字、个人简介、头像以及稳定粉丝群、避免雷区技巧等多个方面。

第六章　如何包装自己的短视频

第一节
短视频标题的写法

短视频时代的到来，结束了"标题党"的多年统治。由于短视频标题字数可以延长至20个字，可以清楚地表达所要展现的内容，以往用"唬人"的标题来吸引受众的时代已经一去不复返了。

那么，怎样才能做好标题，让短视频能够吸引更多的用户来围观呢？下面我们先来分析一下各大平台对短视频标题的要求。

一、主要短视频平台对标题的推荐算法

根据《网络短视频内容审核标准细则》，18类100条内容在短视频标题和内容中是严格禁止出现的。在符合上述规定的前提下，一般短视频平台会通过标题推荐算法，将标题中包含百姓关心的内容、切中百姓生活痛点以及与时事热点有关的短视频率先推荐到平台上。

1. 短视频中禁止出现的内容及词汇

《网络短视频内容审核标准细则》中规定了18类100条在短视频中禁止出现的内容和词汇，在这里我们只选取其中的部分重点内容，具体内容请大家参阅《网络短视频内容审核标准细则》。

（1）攻击我国政治制度、法律制度的内容和词汇：调侃、讽刺、反对、谩骂中国特色社会主义道路、理论、制度和文化以及国家既定重大方针政策的；对宪法等国家重大法律法规的制定、修订进行曲解、否定、攻击、谩骂，或对其中具体条款进行调侃、讽刺、反对、谩骂的；削弱、背离、攻击、诋毁中国共产党领导的；对改革开放以来国家所实行的重大方针政策进行调侃、否定、攻击的以及篡改、娱乐化解读我国政治制度和法律制度中的特定名词称谓的；等等。

（2）分裂国家的内容和词汇：反对、攻击、曲解一个中国原则、"一国两制"；反映"台独""港独""藏独""疆独"等的言行、活动、标识的；对涉及领土和历史事件的描写不符合国家定论的；等等。

（3）损害国家形象的内容和标题：贬损、玷污、恶搞中国国家和民族的形象、精神和气质的；截取党和国家领导人讲话片段可能使原意扭曲或使人产生歧

义，或通过截取视频片段、专门制作拼凑动图等方式，歪曲放大展示党和国家领导人语气语意语态的；节目中人物穿着印有党和国家领导人头像的服装鞋帽，通过抖动、折叠印有头像的服装鞋帽形成怪异表情的；等等。

（4）损害革命领袖、英雄烈士形象的内容和标题：歪曲、丑化、亵渎、否定革命领袖、英雄烈士事迹和精神的；不当使用及恶搞革命领袖、英雄烈士姓名、肖像的；等等。

（5）泄露国家秘密的内容和标题：泄露国家各级党政机关未公开的文件、讲话的；泄露国家各级党政机关未公开的专项工作内容、程序与工作部署的；泄露国防、科技、军工等国家秘密的；等等。

（6）破坏社会稳定的内容和标题：影响公共秩序与公共安全的群体性事件的；传播非省级以上新闻单位发布的灾难事故信息的；非新闻单位制作的关于灾难事故的影响、后果的节目的；等等。

（7）损害民族与地域团结的内容和标题：通过语言、称呼、装扮、图片、音乐等方式嘲笑、调侃、伤害民族和地域感情、破坏安定团结的；传播可能引发误解的内容的；对独特的民族习俗和宗教信仰猎奇渲染，甚至丑化侮辱的；以赞同、歌颂的态度表现历史上民族间征伐的残酷血腥战事的；等等。

（8）违背国家宗教政策的内容和标题：展示宗教极端主义和邪教组织及其主要成员的活动，以及他们的"教义"与思想的；不恰当地比较不同宗教、教派的优劣，可能引发宗教、教派之间矛盾和冲突的；过度展示和宣扬宗教教义、教规、仪式内容的；戏说和调侃宗教内容，以及各类恶意伤害民族宗教感情言论的；等等。

（9）传播恐怖主义的内容和标题：表现境内外恐怖主义组织的；详细展示恐怖主义行为的；传播有目的、有计划、有组织通过自焚、人体炸弹、打砸抢烧等手段发动的暴力恐怖袭击活动视频（中央新闻媒体公开报道的除外），或转发对这些活动进行歪曲事实真相的片面报道和视频片段的；等等。

（10）歪曲贬低民族优秀文化传统的内容和标题。

（11）恶意中伤或损害人民军队、国安、警察、行政、司法等国家公务人员形象和共产党党员形象的内容和标题。

（12）美化反面和负面人物形象的内容和标题。

（13）宣扬封建迷信，违背科学精神的内容和标题。

（14）宣扬不良、消极颓废的人生观、世界观和价值观的内容和标题：宣扬拜金主义和享乐主义的；展示违背伦理道德的糜烂生活的；宣传和宣扬丧文化、自杀游戏的；展现同情、支持婚外情、一夜情的；等等。

（15）渲染暴力血腥、展示丑恶行为和惊悚情景的内容和标题：表现黑恶势力群殴械斗、凶杀、暴力催债、招募打手、雇凶杀人等猖狂行为的；细致展示凶暴、残酷的犯罪过程及肉体、精神虐待的；等等。

（16）展示淫秽色情，渲染庸俗低级趣味，宣扬不健康和非主流的婚恋观的内容和标题：具体展示卖淫、嫖娼、淫乱、强奸等情节的；展示呻吟、叫床等声音、特效的；以猎奇宣扬的方式对境外"红灯区"进行拍摄的；表现和展示非正常的性关系、性行为的；以单纯感官刺激为目的，集中细致展现接吻、爱抚、淋浴及类似的与性行为有关的间接表现或暗示的，包括裸露或长时间聚焦胸部、臀部等部位，聚焦走光、偷拍、凸点，渲染恋足、原味丝袜等性癖好；有明显的性挑逗、性骚扰、性侮辱或类似效果的画面、台词、音乐及音效的；使用粗俗语言，展示恶俗行为的；使用易引发性联想的文字作为标题的；等等。

（17）侮辱、诽谤、贬损、恶搞他人的内容和标题。

（18）有悖于社会公德的内容和标题：以肯定、赞许的基调或引入模仿的方式表现打架斗殴、羞辱他人、污言秽语的；为违背公序良俗或游走在社会道德边缘的行为提供展示空间的；等等。

（19）不利于未成年人健康成长的内容和标题。

（20）宣扬、美化历史上侵略战争和殖民史的内容和标题。

（21）其他违反国家有关规定、社会道德规范的内容和标题：将政治内容、经典文化、严肃历史文化进行过度娱乐化展示解读，消解主流价值的；从事反华、反党、分裂、恐怖活动的特定组织或个人制作或参与制作的节目，及其开设的频道、版块、主页、账号的；违法犯罪、丑闻劣迹者制作或参与制作的节目的；侵犯个人隐私，恶意曝光他人身体与疾病、私人住宅、婚姻关系、私人空间、私人活动的；对国家有关规定已明确的标识、呼号、称谓、用语进行滥用、错用的；破坏生态环境，虐待动物，捕杀、食用国家保护类动物的；其他有违法律、法规和社会公序良俗的；等等。

2.平台算法与短视频标题创意

在遵守《网络短视频平台管理规范》的同时，各短视频平台对标题的推荐也相继推出了自己的算法，其中的8大禁忌和8大推荐法则应当引起短视频制作者的重视。

（1）8大禁忌。

A.禁故弄玄虚：标题不能出现"万万没想到""不为人知""惊世骇俗""惊天动地"这类的词，如果出现了，也绝不能与内容落差太大。

B.忌夸张词语：过于夸张的词语不能出现，如不能出现"惊呆""震惊"等词。

C.忌挑衅侮辱性词语：短视频中绝不能出现具有挑衅、侮辱性的词语。

D.忌低俗类词语：出现带有低俗词语是不被平台所允许的。

E.忌用词啰唆：所选标题务必要反复斟酌，认真思考，想方设法把要表达的意思涵盖到简短的标题里面。

F.忌用广告用语：标题中如果掺杂了非常明显的广告词汇，如经典广告词等，则有做广告的嫌疑，很容易通不过。有部分作者或许心存侥幸心理，妄图以广告词来增加流量，那更不行，最终只会被判定为"伪原创"，前功尽弃。

G.忌挑逗性、戏谑式用词：违法的、暴力的、色情的标题是绝对不能采用的。

H.忌拉大旗作虎皮：像"据权威人士称""据专家讲"等标题难免老套乏味，又有拉大旗之嫌，会受到严格审查。

（2）8大推荐原则。

一般的短视频平台在标题推荐算法上采用8大原则，符合这些原则的短视频大多会得到优先推荐，并有可能推送到更大的流量池中。这8大原则是：

A.在标题里提出疑问或反问的,如"你怎么会知道……""你认为……""会不会这样……"等;

B.利用数字和数据的,如"百分之八十的……""1920公里……""1微米可以做什么……"等;

C.利用时事热点、热词、明星、品牌词的,如"双十一""父亲节"等;

D.抓住读者痛点的,如"你还在挤公交车吗?""你会在机场换飞机吗?"等;

E.给读者提出建议,告诉读者应该怎么做,如"遇到……你应该……""下次你要这样避免损失"等;

F.勾起读者好奇心、悬疑猎奇的,如"300分真的可以上名牌大学吗?""运动员们吃什么?"等;

G.指出读者关心的事情的,如"孩子闹脾气,你该怎么办?""鱼香肉丝怎么炒才好吃?"等;

H.强调省钱、价值方面内容的,如"怎么加油最省钱?""如何不花一分钱去海南?"等。

二、短视频标题制作小技巧

短视频本身很重要,但视频再好,要想让受众在第一时间看到,标题的引导作用也是不可或缺的。标题的好坏、是否吸引人直接导致能否获得平台的推荐,进而影响视频的点击率和点赞率。

1. 短视频标题的总原则

（1）标题字数控制在20字左右。

标题的字数不要太多，很多短视频制作者往往喜欢把标题控制在28个字左右，但最新统计表明，标题的最佳长度是手机上的一到两行半，也就是10～20字之间，这样方便受众在第一时间内获取到最重要的信息。即使标题有更多的内容需要表达，最好也控制在20个字左右，字数太多会影响受众的阅读兴趣。

当然，标题的字数也不能太少，否则，内容表述不清，不仅影响受众的阅读体验，也不利于平台算法的计算。

（2）标题要抓住受众的痛点。

痛点是什么？痛点就是目前大众或一部分人所面临的自己无法解决的问题，这些问题带有一定的普遍性，比如销售中的难点，或者学习上的难点。有人把痛点做了一个定义：痛点就是尚未被满足的而又被广泛渴望的需求，这就构成了商业模式中的需求。不管这个定义是否准确，至少它指出了短视频标题中应该包含的内容，即你的短视频一定在标题中直指受众痛点，激发他们点击短视频的欲望。

（3）标题要留下悬念。

就像我们平时看电影追电视剧一样，如果事先就知道了结局，你肯定没有心情再看下去了。短视频标题的规律也是一样的，不能在标题中就把结果全部告诉受众，要提出问题，留下悬念，使受众产生强烈的好奇心，继续看下去直到结尾，这样你短视频的点击率和完播率就会大大提升。

（4）忌标题党。

随着网络的发展和人们阅读习惯的变化，从前那种和内容完全不符、严重夸张的标题早已没有了市场。现在的标题受受众的阅读习惯影响，更倾向于实在、实际、实用的内容，花里胡哨的标题早已不招人待见了。标题惊天动地，与内容完全不符，短期内可能会吸引不少的受众点击，但他们往往不会看完你的视频就划到别人那里去了，同样，你也不会获得平台长久推荐及流量。

2.短视频标题的创作技巧

（1）简单明白，使用具有实际意义的词汇。

标题中要尽量使用意义明确的词汇和具有确指性的语言，把自己想要表达的内容充分表达出来，不要为了标题而标题，使用新奇的词、不着边际的词，更不要使用大家都看不懂的特殊符号或过多的外文，这样不仅会影响后台对内容的审核，同时也会加重受众阅读负担，让人不知道你要表达什么。只有方便阅读，才能方便平台更好地识别和推荐，并促使受众进一步观看。

（2）结合热点，利用明星效应。

短视频标题的制作可以多多参照各种热榜和时事热点，把热门事件巧妙融入标题中，比如利用明星热点效应就是一个很好的办法，因为社会热点和明星本身就自带流量，也是大家非常关注和喜欢观看的内容，在标题中利用热点词汇、明星名字、明星热门词汇，可以帮助你的短视频走上一条迅速提升点击率和获得高流量的捷径。

（3）挑战常识，挑战通用的常用规则，挑战不合理思维。

寻找问题争论的焦点或一些和常识完全相反的观点，放在标题中以激发别人的好奇心或与你争论的态度。在这里需要注意的是，不要挑战公理或人类行为的底线，这样做不仅会让你失去受众，甚至会被封号，失去发布短视频的机会。

（4）巧设对比冲突与悬念。

对比冲突和悬念我们在前面的章节已经讲过了，它们不仅是文学内容的重要构成要素，也是现实生活的一种反映，可以说没有对比、没有冲突，就没有生活。当然我们这里所说的对比冲突是广义上的对比冲突，在短视频标题中，我们要善于利用这种对比冲突，并巧设悬念，将标题所包含的内容引入高潮，激发受众的好奇心，吸引受众点击观看。

（5）提出问题，设置反问。

在标题中尽可能提出一些痛点、难点或热门问题，以刺激受众心理。这样的标题可以设置成反问、疑问等形式，如："你赞成这种做法吗？""大家觉得怎么样？"以问题的形式激发读者的思考和好奇心。

（6）切中生活场景，引发共鸣。

标题越贴近用户生活越容易被点击。调查显示，切中受众生活和工作场景的标题，特别是那些让受众了解生活、工作难点、热点的标题，最容易激起受众的观看欲望，最容易提升视频的流量。

（7）精准描述内容，提供价值吸引。

精准描述短视频所要表达的内容，并直接说出用户通过你这个视频能收获到什么价值和干货，会使短视频获得更好的播放效果。

（8）标题三段式，增加阅读乐趣。

长达20多字的标题很难具有吸引力，首先是在视觉体验上就增加了受众理解的难度，其次是不能很好地传达核心思想。而把标题分成三段式不仅能增加标题的易读性，更能让受众完整阅读标题。

常见的三段式标题形式是：

提问式：第一段，提出问题；第二段，分析问题；第三段，解决问题。

故事式：第一段，陈述事实或事件起因；第二段，描述事件经过或矛盾冲突；第三段，展示事件结果或事件价值。

例如：早起一定好吗？你知道早起的五大害处吗？真正聪明人的早起时间。

（9）发挥数字力量，激起受众好奇心。

数字既能快速吸引用户的注意力，又能最大化地将内容输出给用户。据研究显示，含有数字的标题在快速辨识记忆方面的效果高出不含数字的标题的几倍。与简单的陈述相比，数字能更具体、更生动地表达作者的意图，更容易激发读者兴趣和好奇心。比如这样的标题：想不想知道，投入50块，一年之后怎样让你的年薪变成200万？

（10）具象化词汇，让受众身临其境。

网上流行这样一个例子，说两家店经营的都是陕西凉皮，一个店名叫"勾魂凉皮"，另一个叫"周贵妃"，通常情况下，你会选择哪一家？一般都会选"勾魂凉皮"，因为"周贵妃"店名对所卖的东西表达得不够清晰，除非这个"周贵妃"是家喻户晓的人物（利用名人效应）。

（11）层层递进，清晰表述。

标题在叙述事情或讲述道理时，由轻到重、由浅入深，层层递进地安排分段式标题顺序，不断强化文字所含内容的重要性和丰富性，最后点出重点，使受众在阅读过程中不断深化思维，获得思想上的惊喜或飞跃。

（12）第二人称，代入感强。

让用户产生代入感的方法也有很多，在标题中最简单的方法就是使用第二人称——"你"，这种人称方式可以拉近和用户的关系，减少距离感。

比如："舌尖上的乡村，是否勾去你儿时的记忆？"这样的标题是否能吸引你继续看完视频？

（13）引导语，拉近与受众的距离。

引导语在标题中起着非常重要的作用，比如我们经常看到很多短视频一开始就告诉你："你知道这是为什么吗？感兴趣的朋友可以点击'关注'，继续寻找答案"或者"这是怎么回事？请您继续往下看"等，这些就是非常简单的引导语，让受众产生好奇心理，并急于寻找答案。一般情况下，受众在看到这样的引导语后，都会点开视频观看，并为了找到答案而看到最后，这在无形中提高了视频的完播率。

再比如销售产品时在标题中加上"添加到愿望清单，我们会保持和您的联系"等，可以帮助你保持和受众的互动状态，增加短视频的点击率和产品的销售额。

（14）直接宣泄情感，引发情感共鸣。

有些话说出来了你会感觉到一种莫名的舒服，这就是情绪的作用。情绪是我们身心调节的关键，如果我们的情绪没有以合理的方式宣泄出来，就会变成自我压抑与自我折磨。如果你的短视频是为了宣泄一种情绪，不妨找到这种情绪的社会基础和大众共同点，比如这样的标题："今年回不了家，跟妈妈视频时，我看到了妈妈的笑脸，也看到了为我准备的年夜饭！"这段文案说出了大多数奋斗中年轻人的辛酸，也道出了父母的期盼，戳中许多游子的软肋。

（15）警言警句，直指人心。

你看过这个视频吗？一只螃蟹拼命挣扎着想要逃离餐桌，可是爬着爬着，最终还是爬到了滚烫的火锅中。这个短视频的标题是：奋斗是对的，但奋斗的方向错了就毫无意义。幽默诙谐中带着不忍，讥讽嘲笑中带着同情，同时道出了一个深刻的哲理，非常耐人寻味。

第二节
勾选标签，巧妙利用平台算法获取流量

一般而言，短视频平台是通过内容识别系统算法向受众推荐短视频的。如今日头条，其最突出的特点就是机器推荐算法，这种推送机制节省了大量的人力资源和时间资源。但凡事有利必有弊，今日头条机器算法的识别速度快，但精准度却无法和人工相比，机器算法只能根据固定的词语进行判断和分发。因此，我们必须根据机器识别的特点拟好标题，避免因为标题没有被机器精准识别而造成推荐方面的问题。

短视频平台一般采用下面这样的程序对标题进行筛选：在制作者勾选平台列出的文字选项并将短视频上传平台后，推荐系统通过对短视频进行抽象、归纳、解析后，得到最有价值、最具代表性的信息，然后推荐给受众。但就目前推荐系统的识别功能来看，平台系统对文字的识别能力远远高于对图片、视频的识别能力，因此，平台系统一般会列出内容选项，让上传者勾选，这些内容选项对短视频发布者来说尤为重要。精准合理地勾选选项往往能给短视频发布者带来众多的流量，而模棱两可、错误地勾选选项可能会使短视频被束之高阁。

因此，短视频的标签勾选一定要符合短视频的内容，切记不要勾选与短视频内容无关的标签，比如旅行类的短视频，必须勾选"旅行"标签，如"旅行""中国""云南""大理"等。标签一定要精准，如果不符合这一标准，再多的标签也毫无用处，如果旅行类短视频勾选了"游戏""手机"等不相关的词语，非但不会吸引更多用户，反而影响账号的垂直度，甚至影响平台的推荐量。

标签的勾选既不能过于宽泛，也不能太过细致，范畴一定要合理。如果标签勾选的范围太宽泛，短视频就容易淹没在众多同类型的短视频中，无法脱颖而出；如果标签勾选得过细，又容易将范围限制得过小，致使平台在推荐时只能发放给少数受众，而大量潜在用户群体无法看到该视频。

标签对于短视频平台来说，就相当于用户画像，短视频的标签越精准就越容易获得平台推荐，越容易被用户看到。

标签可以说是短视频的重要流量入口，创作者给短视频打上合适的标签可以大大提升其播放量。在给短视频打标签时，创作者一般要遵守以下4条原则：

一、标签个数以6~8个为宜

合理地勾选标签可以使短视频与平台算法推荐逻辑相符，加大平台的推荐曝光量，让短视频直接命中粉丝用户群体，其重要性不言而喻。制作再精良的视频制作，如果标签勾选得不合理，往往也会被平台算法所忽视，短视频就无法得到较好的观看率和较高的点击率。

一般来讲，每个标签的字数在2~4字之间，吸引人的视频标签个数以6~8个为宜。标签太少不利于平台的推送和分发；太多则会混淆重点，错过核心粉丝群体。

二、核心要点精准

标签的内容一定要切合视频内容,不要勾选与你的短视频没有丝毫联系的标签。千万不要耍小聪明,以为勾选标签可以含糊一点,或者勾选一些与内容不相干的标签,那样受众肯定不会认同,甚至会马上划走。

平台设置标签的目的,就是为了让短视频能够尽快并准确地找到自己的核心受众,以获取大量的观看率和点击率。如果胡乱勾选标签或者勾选错误的标签,短视频就无法命中目标人群,平台也就无法将你的短视频以最直接的方式投放到目标受众群体当中。

每个短视频受众都有着自己的观看习惯,短视频制作者要根据受众的习惯勾画独特的用户画像,并要灵活地掌握和运用这些画像,以使平台能够迅速通过后台算法帮助你快速而有效地识别受众群体。记住,不要再写"吃货""暖男""女神""萌妹子"这些词汇了,勾选合理的标签才能发挥效果!

三、时间、地点要合理

好的标签一般都标有时间,比如元旦、春节、情人节、端午节、劳动节、国庆节等,将这些时间要素加入标签内容中,可以更好地锁定内容,为自己赢得更多流量。

地点是标签的另一个重要元素，因为地理位置同样可以吸引各种各样的相关人群。在各个短视频平台上，都有地理位置这个选项，比如我们可以勾选"云南""大理""三月街"等关键词，表明了地域位置，内容的指定性就会更加突出，不仅会更加吸引当地的受众，也能吸引到很多关心这个地区内容的受众，短视频的传播效果也会得到最大的发挥。

四、合理追踪热点话题

因为热点话题可以吸引巨大的流量，所以各大短视频平台都会分配给这些热点话题更多的流量，例如每到元旦、春节、"618"、情人节等特定节假日或时间节点，各大短视频平台都会推出相应的活动。因此，创作者在为短视频打标签时要合理地结合当下热点话题，以提高短视频曝光率，使其获得平台更多的推荐。

作为短视频创作者，为了得到更多的关注和粉丝群体，蹭热点是必不可少的。热点事件之所以能成为热点，就是因为有成千上万的受众都在关注着这一事件。因此，在勾选标签时勾选这些热点词、热搜词，肯定会加大视频的曝光率，从而获得平台给予的更多推荐，比如曾经发生的"徽州宴"事件，就让很多短视频和博主一夜间吸粉数万。当然，蹭热点也好，关注热点事件也罢，标签勾选规范是一定要遵守的，千万不可驴唇不对马嘴，这样肯定得不到平台的支持，恰会适得其反，使受众产生反感。

第三节 视频主页小技巧

视频主页是你留给用户的第一印象，可以说是至关重要的，它决定着用户是不是想要进一步了解你。

那么，怎么通过主页来展示你的形象？主页究竟应该怎么运营呢？如何利用主页吸粉呢？这是每一个短视频制作者始终关注的问题。

一、微信视频号昵称、头像与作品发布

创建微信视频号后，我们就可以开始视频号的运营了。视频号的内容发布目前是没有数量限制的，我们可以每天上传一个视频作品，也可以一天内上传五个、十个甚至更多，也可以几天上传一个。视频号和公众号的内容推送规则不同，没有数量限制对视频号的拥有者来说是利好机制。微信视频号的注册相对来说比较简单，只要按页面提示完成操作，就可以发布视频作品了。

在微信视频号上上传和发布作品的关键步骤是：

第一步：打开微信App，点击"发现"，然后再点击"视频号"，进入主页面。

第二步：点击主页右上角的小人头像图标，进入二级界面，然后点击界面最下方的"发表新动态"，弹出"拍摄"和"从相册选择"。

"拍摄",即直接使用手机拍摄或录像,"从相册选择"则是指选择手机中事先剪辑好的视频或图片。

第三步:"选择封面",现在视频号不再默认第一帧作为首页封面。创作者可以滑动播放进度条,在视频内选择一帧合适的画面做封面,然后点击"完成",进入下一步。

第四步:依次完成"添加描述""#话题""@提到""所在位置"和"扩展链接"等操作之后,点击"发表"按钮,就完成了所有操作步骤。

其中"添加描述"时,字数不要过多,篇幅不要过长,尽量保持在三行或三行以内。在视频号主页上,每条视频下方可显示60个文字,如果超过了60个文字,超出的部分会被折叠,需要点击"全文"才能看到。

二、抖音的昵称、头像、简介和视频封面

在抖音播放视频的右侧有一个圆圈形图标,点击进去就可以看到该博主的昵称、头像、简介以及曾经发布的视频等,这些内容统称就是主页。

抖音的主页主要分为昵称、头像、简介和视频封面4个内容。

1. 昵称

昵称的选择非常关键,它是短视频发布者的想象代表,提到昵称,用户就会想到你的账号内容和你的人设。

那么,怎样的昵称才会引起用户的关注呢?

首先,昵称的选择一定要有个性,不仅要与众不同,还要与你的定位内容有关,最好是读起来可以朗朗上口,又幽默诙谐;其次,昵称上最好贴上与账号内容相符的标签,比如你主要做旅游内容的短视频,就可以给自己取一个相应的昵称,像"北京旅游小二哥""云南自助旅游小助手"等,看到名字,受众就知道你是在分享旅游经验,也知道了你分享的是哪里的旅游经验;再比如你是美食博主,就可以使用"宝爸大厨儿""川菜传承人"等昵称。通过这样的昵称设定,展示了你的账号定位特色,使受众看到你的昵称也就立刻了解了你账号的内容。

除此之外,也有以自己的真实名字来作为昵称的,像"冯提莫""李子柒"

等，不过，这种昵称的前提是你已经是一个家喻户晓的知名人物了，或者至少你已经有了一定知名度。

2. 头像

头像也是为了突出账号的主体内容，有的时候，一个幽默有趣的头像或者一个颇具个性的头像也会深深吸引受众的眼球，他们可能会因为被你的头像所吸引，就点击你头像下面的"＋"号来关注你。可以说，头像也是吸睛的一大利器。

短视频的头像，可以使用作者本人的真实照片，但条件和使用自己的真实姓名来作为昵称一样——你必须是个知名人物，或者你长得非常有特点、有喜感，是个人见人爱的"大宝贝儿"。当然，你也可以采用与内容定位相关的主题海报、你自己的作品或者艺术设计图等。头像使用要起到为你的账号聚集人气的作用。

记住，头像最好和账号简介、昵称等主页内容相互关联、相辅相成，这样才能更好地推销自己。另外需要注意的是，头像不要和他人重复，要有自己的特色和个性。

头像是决定短视频账号点击率的关键因素。一个账号的头像越特别或者越美观，越容易引起用户的关注。一般来说，短视频的账号头像有以下几种：

（1）使用Logo做头像。

通常情况下，知名度较高的企业都会用其品牌Logo来做账号头像。

（2）使用本人照片做头像。

采用本人照片做头像的最大好处就是，可以增加用户的信任感，让用户直观地看到你的形象，能够缩短彼此间的心理距离。

（3）使用账号名称做头像。

有些账号直接用账号名称做头像，这样做可以很好地强化个人IP。

（4）使用卡通形象做头像。

很多年轻的短视频运营者喜欢用萌萌的卡通形象做账号头像，这也是吸引用户眼球的一种好方法。

（5）使用短视频的动画角色做头像。

用短视频的主人公做账号的头像，可以进一步加深用户对角色的印象。

以上是常见的5种选取头像的情况。如果你在设置账号的时候有些迷茫，不知道该拿什么图案作为账号的头像，不妨从上面几个案例中捕捉灵感。

此外，选取头像还需要遵守以下两个原则：

（1）头像的形象要符合短视频的风格。

如果短视频以风趣幽默、搞怪俏皮为主要风格，那就不妨选择一个搞笑属性的头像；如果你的短视频是讲法律知识的，那就可以选择一个比较正式、有正义感的头像。

（2）头像要美观清晰。

选取头像时一定不要选那些清晰度较差的图片，这样会影响用户的感官体验。另外，所选取的头像要符合主流审美，否则用户看着会别扭，从而丧失了持续关注的动力。

头像是决定一个账号辨识度高低的关键因素，一个优质美观的头像可以迅速吸引用户的眼球，从而为你带来更多的流量。所以，作为一名短视频运营者，一定要慎重对待头像，千万不要随意选择。

3. 简介

简介，顾名思义，就是对短视频账号的简单介绍。一个好的简介可以让用户立刻明白账号的属性和功能，激发用户的想象，使其留下深刻的印象，从而带来良好的被动流量。

简介首先要用最简单明了的话来概括你的账号内容，突出你的主体定位。我们可以介绍创建账号的原因或者目的，比如"故小贝"，她写的就是"一个北京小破孩儿，快言快语聊故宫""从不预告的直播，遇到了就是缘分，留下的就是真爱"，关注这个账号，你就可以看到故小贝每天都行走在故宫的各个宫殿间，为你详细讲解故宫的建筑和这里发生的一个个你不知道的故事。

简介要突出自己的特点，比如有名的编织竹器的"创手艺"的简介："大家好！我是'70后'竹编手艺人，从小爸妈离异，跟随奶奶生活，12岁辍学，14岁拜师学艺，18岁离开师傅自己做。由于随着时代进化竹编渐渐消失，幸亏有了这个平台能让更多人了解我们手艺人，我会一直坚持下去传递正能量。"很好地突出了账号的定位和特点，一个土生土长的竹编手艺人形象跃然眼前。

自嘲往往会带来意想不到的效果，把自己的"缺点"幽默地变成一个好的标签，也不失为利用简介来营销的一种方式。

一般来说，短视频的账号简介有以下几种类型：

（1）传达某个观点和态度。

比如，"SBS暖视频"的账号简介为"每天暖心一千遍，正能量，暖心事"；"可可的减肥日记"前期的账号简介为"高度自律，生活必多姿多彩"。

（2）功能介绍。

比如，"历史影像THX"的账号简介为"致力于历史真实影像和老照片分享"；"爱护120"的账号简介为"为你网罗健康医学领域新知识，讲述医学人文好故事"。

（3）身份说明。

比如，"神仙小分队"的账号前期简介为"我们是金融民工，一群快乐的逗×，爱好单板、健身、跳舞……"；"北大博士树医生"（现更名为"北大奶爸树博士"）的账号简介为"北京大学医学部泌尿外科博士，泌尿外科医生"。

（4）联系方式。

比如，"超级育儿师兰海"的账号简介里就填写了业务咨询和商务合作的电话。当然，还有的账号在简介里填写直播的时间，推广自己的微博、微信号等。

（5）特长优势。

比如，"赋能育儿陈金平"的账号简介为"赋能教养、心理学、教育学研究25年，青少年素质、素养提升、家庭教育17年，唤醒赋能孩子的12项核心素质，激发孩子16项优势生命力，打造孩子32个习惯与能力，建构孩子106个区分，让孩子拥有独立思考的意识与能力、果断的行动力，对未知充满好奇与探究的信心与勇气"。

4.视频封面

视频封面要与你的内容统一,并做到简洁明了、美观大方,要给受众一个良好的第一感官,做到让受众一看就懂、一看就喜欢才行。

我们常说"始于颜值,陷于才华,忠于人品",就是对人的第一印象的肯定。视频封面以及昵称、简介、头像这些主页内容就是你的短视频给受众的第一印象,就是你的颜值,就是你展示给别人的外在内容。要想让别人第一眼就"喜欢"你,你就要给受众一个良好的印象,要把自己最好、最优秀的一面展示出来。

第四节
稳定更新，培养用户观看习惯

在短视频领域，创作者通过培养用户的观看习惯，能够让用户逐渐成为自己的忠实"粉丝"，用户对创作者的短视频翘首以盼，而这需要创作者稳定地更新作品，持续地占领用户的时间和心理。

一、保持更新频率，保证账号活跃度

要收获忠实"粉丝"，使他们变成"铁粉"，首先要让用户形成良好的观看习惯，这需要创作者保持较高的更新作品的频率。

1.尽量每日更新

如今是信息爆炸的时代，各种碎片化信息层出不穷，如果一个账号很长时间没有更新作品，就很容易被用户遗忘。因此，每日更新短视频是保证账号持续活跃性和始终得到用户关注的关键所在。

2.固定更新时间

每日更新短视频，尤其是固定更新时间，就会给用户形成一定的心理暗示，用户每天会准时上线观看短视频。长时间下去，用户就会形成定时观看的习惯，甚至产生催促创作者更新作品的心理，这表明创作者发布的短视频对用户来说具有很强的吸引力，用户很期待新的作品，在此基础上如果创作者继续保持更新频

率，就能很好地强化用户的观看习惯。

如果创作者无法保证每日更新，可以间隔一两天发布一次新作品，但要力争将短视频内容做好，以弥补数量上的不足；也可以每周发布一条新的短视频，但要在固定的时间发布，同时保证短视频的质量。每周发布一条新的短视频的优势在于可以让用户产生期待感。

二、找好时机，挖掘最佳发布时间点

即使创作者保证了较高的更新频率，但如果没有选择好更新时间点，也很难使用户形成观看习惯。例如，如果你的短视频目标用户是公司白领，由于他们在白天忙于工作，空闲时间很少，所以创作者就不适合在白天更新，而在晚餐后的一段时间更新则较为合适，因为这时公司白领已经忙碌了一天，身心俱疲，很有可能会选择用观看短视频的方式来缓解压力，放松心情。

由于用户的活跃时间不同，不同内容的短视频的发布时间也就有所不同，一般来说，短视频大多要选择目标受众活跃的时间来发布。当然，在活跃高峰期发布既容易成为爆款，也面临着被淹没在短视频海洋中的危险，因为大多数短视频都会选择在这一时间发布。

短视频账号发布的高峰期为中午11~12时和傍晚17~19时，尤其是傍晚时间段。大量的短视频作者都会选择在傍晚时段发布短视频作品，据统计，大多数粉丝在300万以上的账号，在周一至周五这段工作日时间的17~19时发布的短视频数量最多，可接近当天短视频总量的一半，比周六、周日两个周末同时段高出10%。

以上数据表明，不管是工作日还是周末，创作者在17~19时发布短视频可以收获更多的互动。不过，虽然创作者在以上时间段发布的短视频上热门的概率更高，但由于在这一时间段发布短视频的账号很多，竞争十分激烈。要想让短视频脱颖而出，创作者可以把发布短视频的时间适当推迟一些，比如21时。

三、编排创新，满足用户渴求点

如果制作者更新的内容无法满足用户的需求，即使每日更新，也很容易失去用户，因为短视频平台上的同类内容数不胜数，创作者想将用户牢牢地吸引住，创作的短视频就必须有独到之处。因此，创作者在短视频内容的编排上要注重创新，在同类短视频中保持自己的特色。

部分创作者还通过奖励的方式来吸引用户互动，这些奖励包括物质奖励和精神奖励。例如，只要用户每天坚持在创作者新发的短视频下面评论，集齐一定天数的评论就可以凭截图换取礼品。但这种方法属于简单粗暴型，不仅需要创作者付出较高的成本，而且容易导致用户产生疲劳感，不适合长期使用。

如果创作者想实施精神奖励，就要充分地了解目标用户，知道他们的心理需求是什么，然后在短视频中通过情节的编排来满足其心理需求，令其产生满足感。

第五节 避免雷区

拍摄短视频的过程中经常会遇到一些雷区，如果我们能提前认识并避开这些雷区，就可以制作出更好的短视频作品。

一、雷区之一——标题党

随着移动互联网越来越普及，"标题党"已经无法获得观众的注意，反而经常会引发负面的评价。平台方也陆续出台一些规则来阻止"标题党"的进入，如今日头条禁用"震惊""万万没想到"等耸人听闻的夸张词汇。

二、雷区之二——定位模糊

美国著名营销专家里斯和特劳特认为，定位要从一个产品开始，但定位不是对产品要做的事，而是对预期客户要做的事。换句话说，要在预期客户的头脑里给产品定位，确保产品在预期客户的头脑里占据一个真正有价值的地位。定位理论的核心是以"打造品牌"为中心，以"竞争导向"和"消费者心智"为基本点。

根据上述理论，对于短视频创作者来说，如果能将自己的短视频内容定位在当前短视频内容的空白地带，就能事半功倍地打造初创短视频的品牌。

如果定位模糊，平台以及短视频的受众就无法判断你要讲的是什么内容，你做的短视频就难以在平台和受众的心中占有一席之地，并很难获得平台和受众的支持与关注。

三、雷区之三——画面质量差

如果创作者没有较好地掌握制作短视频的技巧，致使画面出现抖动、模糊、主次不清等问题，就会被受众判定为画面质量差，从而失去受众的关注。

不管是用推、拉、摇、移、俯、仰等手法拍摄，还是用多机位拍摄，保持画面的稳定和清晰是对短视频最基本也是最重要的要求。

一般而言，高质量的视频画面遵循下面的标准：首先拍摄有主题，画面有条理，这样视频画面会更有镜头感及层次感；其次，镜头衔接流畅，转场主题突出。短视频的每个镜头之间要有联系，要有不同的景别，同时，转场要主次分明，主题突出。

四、雷区之四——盲目追热点

紧追热点肯定会让你的短视频得到更多的推荐和关注，但追热点也要有度，有节制。如果你做的是新闻短视频，当然每个热点都要追，但如果你做的是专项内容，比如美食类短视频节目，就不是每个热点都适合你。在这里，短视频定位起着决定性的作用。你必须根据自身定位和作品调性决定哪些热点可以追，哪些热点不可以追，即使是可以追的热点，也要深入了解事实，对热点内容进行二次加工，并加入自己的观点，使短视频内容符合目标受众的期望。如果只是一味地盲目追逐热点，则会让受众对账号产生反感。

另外，我们最应当注意的是，有几类热点不能追：第一是政治敏感话题；第二是戏谑历史人物及英雄人物的内容；第三是违背公序良俗的热点；第四是未经确认的负面新闻及各种谣言。

其中，有些热点我们可以批判性地追，有些热点可以分析性地追，追与不追，关键要看你的把握能力——你是否有足够深刻的思想意识。

大家要记住，每一个短视频创作者在借助网络这个新媒体的力量收获金钱和荣誉的时候，也需要考虑如何尽好一个公众人物应有的责任。

五、雷区之五——硬广告

广告主要有两类，一类是硬性广告，俗称硬广，另一类是软性广告，俗称软广。如果你的短视频作品只是一条没有内容和场景的说教式的硬性广告，估计没有多少用户会对你的作品感兴趣。

硬广的脚本和拍摄要求是很高的，像我们平时看到的知名公司的硬广，可不是一般水平的创作者所能驾驭的。一般而言，短视频广告最终还需要在软性上下功夫，巧妙地将广告内容渗透到视频当中，这样，内容本身就成为广告，而广告本身也就是内容。不过，随着软广告越来越多，用户们也出现了厌烦的情绪，如果软广告做得不好，其效果倒不如直截了当的硬广告。所以，短视频制作者一定要在这方面多下功夫，下真工夫，做到浑然天成，天衣无缝。

第六节
短视频运营小技巧揭秘

一、提高账号权重的几个神操作

每一个短视频创业者都有一颗上热门的心,不过在如今这个竞争白热化的市场环境下,上热门并不是一件简单的事情。通常来说,一个短视频能否上热门,其中一个很重要的隐性因素便是账号的权重。

什么是账号权重？所谓权重就是一个账号在平台里内在数值的高低,通俗一点说,就是指该账号在平台中的权威程度。对于一个账号来讲,权重的高低对它能否被推上热门起着至关重要的作用。

首先,权重影响着短视频的推荐量。同一个短视频,如果发布在一个新的短视频号上,可能初始的播放量只有四五百。但如果放在另一个权重更高的账号上,就可能被推荐给上万用户。如果这个作品反馈不错的话,就会被放进一个更大的推荐池,从而形成一个小热门。

其次,高权重的账号更容易被用户搜索到。比如,用户输入关键词"摄影",平台会按照权重级别的先后顺序向用户推荐（花钱推广的账号除外）,排名前几位的账号一定是在该平台粉丝过百万的大号,因为它们权重高,曝光的机会自然就更大一些。

一般来说，一个账号刚建立之初是不可能有高权重的，此时系统分给你的权重大概只有400播放量，不过这也并不意味着你的账号就没有希望。在你成为一个短视频博主之前，你一定要充分做好准备，紧紧抓住系统给新账号前3条短视频的流量扶持，争取让这前3条短视频的播放量达到5万以上，那么你的账号权重也会有质的飞跃。这样，在高权重的加持下，你以后的作品上热门也会变得更加容易。

反之，如果一个新账号上传的作品在一个星期内播放量持续低迷，没有超过100，那么这个账号的权重几乎可以忽略不计，这个账号就会变成"僵尸号"，就算有粉丝，官方也不予推荐。这个时候，弃号重建才是最明智的选择。另外，当你的作品在一个星期内只有一二百的播放量时，就会被系统判定为最低权重号，这个时候你最应该做的就是不断提升短视频质量，以免在低级流量池里徘徊，最后不得不沦为"僵尸号"。

如果你的短视频播放量能达到1 000～3 000，那么系统会判定你的账号为待推荐账号，并把你的作品放在一个等待推荐的流量池里。这时，作为一名短视频创作者，你最应该做的就是抓紧时间在垂直领域不断推出更高质量的作品。除此之外，你还可以积极参与热门话题的讨论，借助官方小助手，或者使用一些比较热门的音乐，以此来提升短视频的推荐量。比如，抖音账号"旺华家庭教育"在发布的一个关于培养孩子创造力的短视频里，就参与了多个热门话题的讨论："家庭教育""亲子""育儿""家风家训"，最后在结尾处还特意@了一下抖音小助手，这样做可以大大提升自身短视频的推荐量。

在经过种种努力之后，如果你的短视频播放量持续在1万以上，那么恭喜你，你离热门又近了一步。此时你的账号为待上热门账号。这个时候，你不妨蹭蹭热度，找那些最火爆、最有影响力的话题来参与，也可以使用最新的道具和贴纸，还可以使用热门音乐，或者找最火的达人合拍，这样可以提升你上热门的概率。

以上便是各短视频判断账号权重高低的基本依据。作为短视频运营者，把一个最低权重号做成一个待上热门账号，是一件不容易的事情。在此过程中，大家还需要做好以下几件事情,才能不断提升账号权重,从而做好上热门的基本准备。

1.账号实名认证,完善个人信息

一般来说,经过实名认证的账号的权重,肯定要高于未做任何认证的账号的权重。另外,为了更好地提升账号的权重,大家还要尽快完善个人信息,绑定手机号码。在此需要注意的是,新账号在完善个人信息的时候,在有些短视频平台上切勿填写个人微信、QQ、电话号码等,也不要在签名一栏推广任何产品,否则会被官方平台限流。

2.学会养号

作为一个新号,一定要保持足够的活跃度,比如你可以每天观看同领域的短视频、直播,也可以在观看的过程中给喜欢的视频点赞、留言、转发等,另外看到喜欢的账号要记得关注,这些做法都有利于提升账号的活跃度,当然,这也是新人养号必不可少的操作。

3.提升短视频的质量

短视频创作者要想让自己的账号收获更多的播放量、点赞量、评论量,获得较高的权重,首先必须要把好短视频的质量关。只有你的作品受欢迎了,你才能具备上热门的基本条件。

4.保持作品的垂直度及原创性

有些短视频创作者为了省事,会搬运别人的作品,也有些人在没有好的选题时会随手拍一些与本领域无关的内容发布上去,这些行为都会严重影响账号的权重,大家一定要避而远之。

另外,恶意刷播放量、评论量、点赞量等行为也会遭到平台的降权打击;在账号没有做起来之前,就迫不及待地在短视频里推广产品,也会让账号降权。大家一定要避开这些雷区,切勿踩踏,否则就会前功尽弃,走向死胡同。

二、教你几个避开"封印"的办法

俗话说:"行有行规,道有道行。"每个人都应该遵守行业的规则,就算你选择自主创业，投身短视频创作，也不能例外。在短视频领域里，如果你有如下几种违规操作，就会遭到平台的降权打击以及内容限流。

1. 账号本身存在问题

我们前面也说过，如果你的新账号在设置的时候刻意留下联系方式，那么就会有被平台降权和限流的风险。另外，如果你的账号里有违禁词，或者频繁更换登录地址和登录设备、频繁修改个人信息以及用同一个手机批量注册多个账号、用同一个设备同时登录5个以上账号，都属于违规操作，是不被平台允许的。

如果你不想因为类似的错误操作而被平台限流，最简单的方法就是杜绝不当行为，按照平台的要求恰当操作，平时多进行账号互动。

2. 短视频内容不当

有些运营者为了最大限度地吸引用户的眼球，不惜用一些夸张的标题或者敏感低俗的内容，这样的行为无异于饮鸩止渴，得不偿失。对于这些不宜收录的内容，审核很难通过，有的时候即便侥幸发表成功，也会因为用户的举报而被限流或屏蔽。

另外，如果你的短视频内容里有明显的营销广告，或者涉及商品Logo、二维码、手机号、其他App水印等，都会被平台抵制。平台一旦判定你发布的广告过多和过于频繁，将会减少推荐你作品的概率。

当然，还有一些用户不太熟悉平台的规则和调性，在发布内容的时候不加甄别，把一些带有负能量的、消极的、不符合社会主义核心价值观的东西传递给用户，这与记录美好生活的短视频平台初衷相背离，很容易被平台拦截，所以大家不要随意挑战平台的底线。

最后，短视频运营平台还忌讳创作者搬运或者伪搬运。一个搬运的短视频内容一旦被平台检测到，或者被他人举报，轻者被降权限流，重者被封号。

作为一个短视频运营者，为了账号的长远发展，一定要杜绝以上种种违规行为。当然，如果你因为对规则不太了解，不小心被限流了，也不要着急，只要平台还没有被封号，就还有挽救的可能。大家在收到系统的违规提醒之后，一定要规避之前的错误行为。

当然，有的时候，我们也会被平台误判，导致限流，这个时候大家可以通过官方提供的申诉渠道为自己维权。

3. 违规互动

刷粉丝、刷播放量、刷转评赞都是短视频平台不允许的，如果你为了上热门而选择走这样的捷径，那么很容易被系统检测到，从而被限流，最后偷鸡不成蚀把米。

当然，为了避免有刷流量的嫌疑，我们最好不要频繁点赞、转发，更不要在视频未看完的情况下点赞、转发，也不要在短时间内快速批量地回复评论。另外，在评论区回复受众时不要使用一些负能量的言论，更不要用言语辱骂他人。还有一点就是，在私信回复别人的时候，不要填写个人联系方式和购物链接。

如果你因为以上这些不当的互动而遭到他人的投诉，那么接下来一定要删除不当言论，按照合规的流程继续养号，争取早点获得平台正常的推荐。

4. 其他

短视频创业的早期就是摸着石头过河，有时大家拿捏不好系统推荐机制，一不小心就被限流了。比如对已经发出去的作品不满意，于是频繁删除；发的内容不够垂直，东一榔头，西一棒槌，作品的方向发生混乱；发送的视频时长不够，不能完整表达；短视频像素模糊，用户感官体验不佳……

如果因为以上这些操作导致限流，那也不必着急。发现不满意的视频，不必频频删除，可以隐藏；如果在发短视频的过程中非常迷茫，不知道该如何做，那就先关注一些同类型的大号，在大号中汲取经验，在自身的失败中总结教训，经过千锤百炼，一定能获得最后的成功。

三、如何让你的短视频获得更大的推荐量

一个短视频能否上热门，与平台的推荐量有很大的关系，平台推荐量越高，上热门的概率就越大。那么，作为一个短视频运营者，怎样做才能获得平台的大量推荐呢？

1. 精准定位，打造高垂直化账号

在做账号前，你一定要考虑好这几个问题：我要做哪个领域的内容？我做这些内容打算给哪类人群观看？我的短视频内容能给目标用户带来哪些价值？只有考虑好这些问题，才能给自己的账号做出精准定位。在精准定位的基础上，短视频制作者还要保障后续会持久产出高垂直化的内容。

一般来说，定位越精准，账号垂直度越高，越容易被系统精准匹配给目标用户，从而形成良性互动。有了这样的良性互动，你的短视频内容便会获得平台更大的推荐量。

2. 保持活跃度

在碎片化的时代，各个短视频创作者都在绞尽脑汁，争夺用户的注意力。如果你在很长一段时间里都不更新作品，那么就很难培养粉丝的黏性，更加无法促使其对你的账号产生深刻的印象和良好的互动。此外，如果你的账号不保持定时更新，那么对于平台而言，肯定不会给这样一个没有"存在感"的账号更多的推荐量。

纵观那些高推荐量、高播放量的账号，大多都内容优质，且活跃度更高，能够迅速占领用户市场，吸引粉丝定时观看其短视频内容，它们是用户休闲娱乐生活中必不可少的一部分。

3. 产出优质的原创内容

如今各类短视频平台林立，参与创作的人数不胜数，那么作为一个短视频运营者，如何才能在竞争激烈的短视频市场上攫取超级流量呢？从任何一个角度来说，优质的原创内容都是制胜的关键所在。

与搬运或伪原创的作品相比，优质的原创作品更容易获得用户的青睐，而且各平台为了用户能在第一时间获取新鲜的内容，也会不遗余力地保护原创账号，并且给那些持续产出优质原创内容的账号提供更多的流量扶持。

4. 加深与用户之间的互动

一个短视频是否受欢迎，从其发布之后获得的点赞量、评论量、转发量就可以看出来。一个短视频与用户互动量越大，越容易获得平台的叠加推荐。所以，

为了能够最大限度地获得曝光量，短视频运营者应该想方设法加深与用户之间的互动。通常来说，设计醒目吸睛的封面、设置有争议的话题、给用户提供有价值的内容、特意@某一类人群等，都是提升互动性的好方法。

5.提升播放量和用户的关注度

好的数据反馈是短视频受欢迎程度最直观的体现，同时也是系统进行二次推荐的关键所在。所以，对于短视频创作者来说，不断刷新自己的短视频，生产出优质的作品才是关键，只有这样，才能不断提升短视频的关注度和点击量，提升自己的权重。而对于平台，就像我们前面提到的那样，同一质量的短视频内容，账号的权重越高，得到的推荐就越多，播放量自然也就越高。

另外，促成用户转粉，也是提升播放量和关注度的一个重要手段。你只有不断给用户提供有价值的信息，替目标用户发声，才能缩短与用户之间的心理距离，从而进一步促使用户关注。

第七节 价值影响与个人能力的塑造

基于互联网的"信息去中心化"特征,人类的空间话语权得到了极大释放,很多普通人找到了展示自我、表达自我的平台,使内容消费者与内容提供者的角色互为转化,呈现出了万物皆媒体的局面,特别是随着短视频平台的兴起,很多文字功底很差的"沉默的大多数"群体得到释放,把短视频推得更高。

短视频的价值就是短视频制作及发布者通过短视频所展示出的价值取向,是这些人在经营过程中所推崇的基本信念和奉行的目标。这是短视频的核心价值所在。除此之外,通过经营等手段,短视频同样获得了文化价值、商业价值和个人IP价值。

短视频的出现,带动了其文化价值、商业价值和个人IP价值的实现。文化价值是该短视频所具有的、能够满足一定文化需要的特殊性质或者能够反映一定文化形态的属性;而商业价值则是短视频在人类商业活动中能给社会、团体和个人带来的经济价值,这个价值通常是以货币为单位来衡量的。个人IP价值简单说就是某个人所能带动的粉丝的价值,以粉丝量的多少来统计,从这个角度而言,可以认为能够带动粉丝转移的都可以称为IP,能够转移的粉丝数量越多其价值就越高,能够转移的付费粉丝数量越多,其价值就更高。

一、价值及其影响

1. 文化价值

随着短视频的流行,一些城市的受欢迎程度和旅游业都有显著的增长,如重庆、西安、成都、拉萨等众多城市和内蒙古大草原上的乡村,都从短视频中被广大受众重新认识和重新定位。从2018年9月抖音官方的数据来看,城市形象宣传类短视频播放量排名前三的城市分别是重庆、西安和成都。

短视频的关注者因为想要亲身体验"摔碗酒"而来到西安;重庆2号线轻轨在渝中区嘉陵新路李子坝站"穿"楼而过,嘉陵江的险峻和山城的复杂地形,造就了这个全国乃至全世界绝无仅有的震撼景象,网友们纷纷来到现场一睹为快;以美食出名的成都在抖音上也成为"网红"城市,无论是宽窄巷、锦里还是火锅或其他小吃的打卡短视频,都有极高的点击量。与四川省邻近的贵州,是近几年在网络上迅速崛起的网红省份,数据显示,在网络的带动下,2018年上半年该省的GDP总值增速达到了10%,是全国唯一一个增速高达两位数的省份。这些地方的"一夜成名"并非偶然,很多现象级的短视频也是政府做了很多努力(如改善景点的环境、服务和宣传等)才有的结果。

在传统的传播观念中,民众巨大的传播能力曾经一度被忽视。如今,随着网络的高速发展,民众已经成为传播的中坚力量,且随着短视频的出现,民众传播已经变成媒体主要力量,从一开始小打小闹成长为一支生力军,在城市的文化价值传播中发挥着越来越重要的推动作用。

短视频的兴起也带动了更多受众关注传统文化。故宫的文创产品、马未都的博物奇妙夜、考古揭秘等新形式的传播,都给传统文化注入了活力,引发了巨大的传播效应。2018年10月,"抖音美好奇妙夜"就是其中一个很好的例子。

优秀的传统文化有着丰富的内涵,之前由于进入门槛高,一般受众难以参与和融入,传统文化的传承人难以获得收入去维持生计,更谈不上进行创新性传承。现在,互联网的出现大大降低了普通民众的准入门槛,尤其是短视频等表现形式的兴起，使得普通民众也能够便捷地了解优秀的传统文化。与传统的师徒传艺等方式相比，移动平台为用户提供了更多、更好的学习和传承优秀传统文化的方式。

2. 商业价值

从线下经济时代开始，经历PC互联网，到移动互联网，每一次技术的进步都会带来新的商业机会和价值。例如，借助"创意"走红的海底捞，举办了如何用最少的钱吃到最好东西的"创意大赛"，使得数量巨大的网友们开始了一场专注的研究探讨；又如，地处郑州的奶茶品牌"答案茶"原本名不见经传，因为一支短视频，一夜之间门店被挤得满满当当，买奶

茶的长队经常是从早到晚24小时一眼望不到头，其原因就在于，"答案茶"借助短视频平台，宣传或者说炒作出了自己的特色："回答"模式。这个模式实际上是一种游戏，顾客可以顶先在奶茶纸杯上写下一个自己想问的问题，然后交给奶茶店工作人员冲泡奶茶，在顾客掀开奶茶的一瞬间，就会从奶茶获得一个"答案"。这个极具创意的营销方式，通过网络"病毒式"的传播，使该店一夜火遍全国。

知识方面，秋叶团队以PPT教学起家，随着短视频的不断深入，受到了受众的热捧，为了满足教学市场的需求，它们先后涉及Office的全部领域和其他软件的使用教程，并于2018年开始制作母婴类短视频和周边产品的锡类短视频"妈妈点赞"。现在，秋叶集团下的短视频内容众多，如关于Office的抖音账号就有"秋叶Excel""秋叶PPT"和"秋叶Word"等，关于母婴类的抖音账号有"不急不吼养孩子""儿童语言派"和"育儿小百科"，这些抖音账号同时也带动了周边图书和产品的销售，实现了商业价值的转换。

通过以上案例我们可以看到，短视频在商业上的运用越来越多，越来越成熟，这正是短视频商业变现越来越好的体现，相信未来短视频将会有更大的商业

价值。

3. 个人IP价值

个人IP就是把一个人通过标签化的形式表达出来。如果一个人能够成为一个IP，其实也就是说他把自己直接变成标签了。

"为自己代言"的聚美优品CEO陈欧，以自己的个人魅力让许多消费者成为了这个品牌的粉丝，从某种意义上说，"陈欧"这个词就是陈欧本人的个人IP；格力电器董明珠通过不断的努力和她的人格魅力，塑造了广为人知的"董姐"形象，也属于董明珠的个人IP；还有一些企业的创始人，如雷军、罗永浩、罗振宇等，通过在自媒体上不断发布信息和内容，成功打造了个人IP，每当我们提到他们的名字时，就会想到他们所代表的中国创业军团中的那一类人和那一类事，甚至想到他们所代表的价值观和实现商业价值的能力。这些个人IP粉丝量众多，深深影响着中国新一代人的思维模式。

短视频在这个时代成就了一批个人IP，大多短视频作者都是他们所处领域的专家，给用户提供真实的价值，赢得用户的认同。例如，"儿科医生雨滴"不断分享儿科知识，可信度高，带给用户很大的价值，后来成为头部作者，开店铺、接广告，进而和央视合作。

谈到IP，很多人觉得那就是"网红"。事实上，"网红"只是个人IP的一种运作方式，要想真正创造出自己的个人IP，还要靠个人的专业知识积累、正确的价值观和价值取向，只有这样才能赢得受众的认可。

IP是一个概念，更是一个一个形象，没有独特的技能，没有正确的人生观、价值观和金钱观，很难打造大众所接受和认可的IP。

二、个人能力的塑造

面对竞争越来越激烈的短视频行业，提高短视频的质量和制作效率，抢占市场，个人能力的塑造就显得更为重要。有些短视频制作者，为了充分发挥短视频的优势，大多已将单打独斗式的个人创作方式，转变为"团队作战"，这种"团队作战"正在成为当前短视频创作的主流方式。

在激烈的短视频市场竞争中，无论是个人还是团队，懂用户、懂内容、懂形式、懂数据、懂合作、网感强，是专业短视频创作团队成员必备的能力。

1.懂用户

要想创作出获得用户关注的作品，你必须懂用户，了解用户喜欢什么，有时甚至需要对用户的典型特质、行为、心理感受和需求了如指掌。只有这样，你才能创作出用户所喜欢的作品。

那么，团队成员要如何获得对用户喜好的洞察能力呢？这就要求团队成员中的每一个人都要把自己当成用户，并且在相同的场景中进行体验，从而了解用户的真实感受。

账号的运营者也要让自己成为平台的熟练使用者，不仅要充分了解平台的特点，还要对这些特点进行深度的体验，总结自己被哪些短视频触动，因为哪一点关注某账号，是什么驱动自己进行互动等，只有这样，运营者和全体人员才能真正用好这个平台。

2.懂内容懂形式

内容就是你所要传递给用户的本质或实质，简单说，就是你要对用户说什么。内容和形式是相对的，知道了要表达什么，还要知道怎么表达，是讲故事给大家听，还是发表一番感慨辩论，这就是内容的表现形式。

在内容和形式上，首先，你要具备优秀的选题和策划能力，知道大家对哪些内容感兴趣，并通过数据分析等手段确定这些内容会有多少人关注。确定了内容之后，你还要找到与大众沟通最有效的形式，比如故事形式还是思辨形式，最后，通过清晰、简单、直接的语言，将信息准确地发送给目标用户群体。

3.懂数据

在现代传播中，信息传递的过程往往都离不开数据的支持，短视频也是如此。用数据分析结果指导内容和形式，可以使短视频在制作之初就明确哪里是重点，什么是大众喜欢的，什么时间发布最有效等。所以，数据分析是短视频的重点工作，是团队成员都应具备的基本工作能力。

4. 懂合作

合作才能共赢，不仅团队成员要懂得如何同投资方、网络平台等外部工作人员合作，团队之间更是要讲求合作和沟通，只有这样，团队的氛围才能融洽，才能避免工作中的各种不愉快，节约时间成本，提高效率。记住，兄弟齐心，其利断金，和谐的团队是战无不胜的。

5. 网感强

所谓网感强，是指团队中的每一个成员都有快速获取网络热点的能力，并对热点高度敏感。作为团队的领导，更应该具有强大的分析能力和判断能力，对事物或事件走向有较强的预判能力，而这些能力的来源依靠的就是强大的数据分析能力和丰富的人生经验。

第七章

主要短视频平台及微视频的崛起

随着移动网络经济的发展,自2018年开始,大量的短视频平台进入了市场,短视频行业竞争进入白热化阶段,各类小视频成为很多人的娱乐消遣方式。在众多短视频平台中,最近刚刚崛起的微信视频号,依靠其强大的使用者数量,给短视频市场带来了不小的冲击。

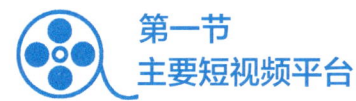

第一节 主要短视频平台

目前,我国的短视频平台有几百家,按类别我们可以将它们分为三类:第一类是传统的自媒体平台,如微博、QQ空间、微信公众号等;第二类是短视频平台,像目前比较火爆的抖音、快手等;第三类是电商平台,如淘宝直播、京东直播等。

下面我们分别简单介绍一下主要的短视频平台。

1. 抖音

抖音短视频,是由今日头条孵化的一款音乐创意类短视频社交软件,该软件于2016年9月20日上线,是一个面向全年龄段的音乐短视频社区平台。用户可以通过这款软件选择歌曲,拍摄音乐短视频,形成自己的作品。

随着短视频行业的发展,近年来,抖音的影响力早已超过了它的孵化者——今日头条,成为目前最热门的移动平台之一。

2. 快手

快手是北京快手科技有限公司旗下的产品。快手的前身叫"GIF快手",诞生于2011年3月,最初是一款用来制作、分享GIF图片的手机应用。2012年11月,快手从纯粹的工具应用转型为短视频社区,用于用户记录和分享生活,并受到了受众的追捧。

3. 西瓜视频

西瓜视频是字节跳动旗下的视频平台，由今日头条孵化上市。西瓜视频的运作算法是个性化推荐，即通过人工智能算法向受众推荐他可能感兴趣的视频，同时利用这种算法将短视频创作者的作品分发到各个相关的受众群体。

4. 火山小视频

火山小视频是抖音旗下的生活小视频社区，由今日头条孵化，该平台主要通过15秒原创小视频帮助制作者展示自我，获得粉丝。

5. 好看视频

好看视频是百度短视频的旗舰品牌，其内容包括好看视频的独立App和百度App短视频等，内容覆盖社会、资讯、生活、健康、文化、情感、美食、游戏、影视等各个领域。

6. 哔哩哔哩

哔哩哔哩，俗称"B站"，创建于2009年，其内容涵盖了生活、娱乐、知识、时尚、动画、国创、音乐、舞蹈、游戏、番剧等多个方面，因为是从动画、漫画、游戏（ACG）内容创作与分享起家的，聚集了较多的年轻人，因此号称是中国年轻一代高度聚集的文化社区和视频平台。

7. 秒拍

秒拍是炫一下（北京）科技有限公司推出的产品，用户可以上传10秒左右的短视频，与受众分享自己的心情和所得。该APP提供了炫酷MV主题、清新文艺范滤镜、智能变声功能等功能，同时允许用户个性化水印，并支持视频同步分享到微博、微信朋友圈、QQ空间。

8. 美拍

美拍是一款可以直播、制作小视频的软件。该软件允许用户在拍摄短视频或直播时接受在线送礼，目前已成为最受欢迎的娱乐直播平台之一。

9. 全民小视频

全民小视频是百度旗下的短视频平台，于2018年上线，在这个软件上，用户可以发布小视频，分享、记录生活，还可以通过做悬赏任务赚取一些零花钱。

10. 微视

微视是腾讯旗下的短视频平台。该平台的特点是：用户不需重新注册，可通过已有的QQ、微信账号直接登录，将自己创作的短视频同步分享到微信好友、朋友圈、QQ空间。

短视频平台还有很多，在这里我们就不一一介绍了，大家可以根据自己的使用习惯和目标用户定位，寻找喜欢的平台。

第二节 抖音短视频平台简介

抖音于2016年9月上线，是一款音乐创意短视频社交软件，用户可以通过这款软件选择歌曲，拍摄音乐短视频，形成自己的作品。根据抖音发布的《2021年抖音数据报告》，截至2021年年底，抖音日活跃用户已突破6亿，日均视频搜索次数已超过4亿人/次。

一、抖音平台定位

在上线初期，抖音的标签是"潮""酷""时尚"，确定了抖音"年轻、时尚"的风格。这个定位让抖音在开始发力时吸引了大量一二线城市的年轻人，随着用户群体的不断扩大，抖音的定位也发生了变化。2018年3月，抖音正式启用全新的品牌口号"记录美好生活"，该定位体现了抖音向生活化方向的转变，让抖音从主要面对追求"潮""酷"的年轻人群走向更多的普通大众。

二、抖音平台的特点

抖音平台主要具有以下五个特点：

1.泛娱乐化

受到抖音前期"潮""酷""时尚"定位的影响，音乐、舞蹈、搞笑段子等泛娱乐化的内容在抖音平台上比较受欢迎，促使创作者在创作短视频时向轻松、娱乐的方向靠拢。

2.个性化推荐

在抖音平台上，用户是在"全屏"模式下浏览视频的，可以通过向上、向下滑动手机屏幕切换短视频，同时并行"创单[①]并浏览模式"。

用户打开抖音首页后，首先进入的就是"全屏"模式下浏览视频。在这个模式下，用户无须选择类型，只需按平台推送的顺序就可进行观看。在推送方面，抖音平台会根据用户以往的观看记录，如短视频的类型、停留时长、是否点赞或评论等行为，为用户推荐短视频，可以说这是一种被动式的观看和懒汉式的接受行为，主动权完全在抖音平台。当然，用户也可以采取主动观看行为，假如你已经关注了某些抖音账号，就可以在"关注"板块中查看自己感兴趣的短视频，或者通过"搜索"板块，直接找到你要找的短视频内容。

3.流量叠加支持

创作者将短视频上传到抖音后，抖音平台会对这些短视频的内容和形式进行审核，查看短视频是否存在违规内容。如果短视频存在违规内容，将无法在抖音平台上发布。

通过审核后，抖音平台首先会将该短视频放进一个较小的流量池内，就是我们前面所提到的测试流量池，在这个小范围内测试这条短视频可能引发的关注量，例如，先将该短视频推荐给几百个同城用户，然后对该短视频的完播率、点赞量、评论数和转发量等硬性指标进行统计，并通过算法分析来决定是否将该短视频投放到更大的流量池，给予流量支持。

如果以上这些数据通过了算法计算，抖音平台就会将该短视频投放到一个更大的流量池比如几万粉丝的流量池中，让更多的受众观看到这条短视频。如果在这个流量池中，该短视频依旧有着良好数据表现，抖音平台就会将其推送到更大

[①] 创单是与派单相对的一个销售概念。派单通常指商店或公司老板把顾客定好的物品派专人送到目标顾客手中，而创单则是通过自己的营销手段销售商品。在网络上，创单一般指用户自己搜索得到的作品，派单指平台推送的作品。

的流量池比如几十万粉丝的流量池中……如此层层递进,不断将该短视频投放到更多大的流量池中,直至最后的拥有几百万粉丝的王者流量池中。相比较而言,抖音平台更加看重短视频内容的点赞率、转发率和评价量,因为这些内容代表着短视频的质量和受欢迎程度,高质量和受欢迎程度高的短视频不仅对作者有利,同时也给平台聚集了更多的人气。

4. 内容为王

根据抖音的算法逻辑,原创的和有创意的短视频会得到更多的流量支持。所以,准备在抖音平台发展的创作者,必须持续生产优质原创内容,才能获得更多的流量推荐,才能让自己的作品有机会展现在更多的用户面前。

5. 强大的搜索算法

平台算法是任何一个平台所特有的、完备的逻辑。面对如此海量的短视频内容,抖音平台上也推出了自己强大的搜索算法。抖音平台的算法最突出的特点就是利用尽可能多的数据来增强对短视频内容的理解和对用户需求的理解,具体说,就是当你发布一条短视频后,平台首先通过你勾选的标签判断你的短视频的类别,然后通过程序检查你的短视频是否违法违规、短视频是否清晰等,如果这些都通过的话,下一步,平台将根据你以往的"战绩"决定将你的短视频投放到哪类流量池中。

对于收看用户,平台会分析你曾经观看过的内容、搜索历史及已经评论、点赞的内容,并根据对这些内容的分析结果决定将哪些短视频发送给你。

三、抖音短视频注意事项

抖音造就了很多平民网红,也造就了观看短视频蔚然成风的现象。那么,作为抖音短视频的运营者,应该注意哪些问题呢?

1. 7天养号期

注册抖音短视频后大约需要7天的养号期,在这7天内你一定要主动观看平台发布的各种短视频,并进行点评、转发等工作,做好对平台的基础贡献值。

养号期间,最好坚持每天浏览不低于1~2个小时,并主动点赞、评论。在这个期间，最好只看垂直领域的作品。

完成了7天的养号期后，接下来要做的工作就是对你的账号进行检测：你可以用抖音自带的相机拍摄一个主题鲜明、题材新颖的短视频，切记，这个短视频一定要与你准备制作的短视频账号内容有关，一定在你选定的领域范围内，然后发布到平台上进行试水。如果你的前几个短视频播放量均在200～300次之间，说明你的抖音号已经养成了，已经得到了平台和受众的认可。

2. 前3个视频非常重要

为什么前3个视频非常重要呢？这同抖音算法推荐有关。根据抖音的算法规则，账号的初始权重就是由账号最初发布的3个作品决定的。如果前3个视频获得的反馈数据比较好，平台就会提高这个账号的初始权重。

另外需要注意的一点就是，新账号的前3个视频的内容决定了抖音对账号的归类，比如说账号的头3个视频都是体育类的，那么抖音平台就会自动把这个账号定位成体育号，如果前3个视频是民生类的，那么抖音平台就会把这个账号归为民生号。所以说，新账号的前3个视频千万不能乱发内容，不能今天是体育，明天是民生，后天再来个科技类，这样的话，抖音就无法把你归类。

3. 抖音短视频的发布时间

抖音短视频什么时间点发布最好？抖音官方的推荐是早上的7～8点、中午的11～12点或下午的5～6点以及晚上，这些是浏览量较大的时间段。但这些时间段发布短视频作品的运营者比较多，你的作品可能会被淹没在茫茫的短视频大海中。因此，最佳的时间不一定是官方推荐的时间，你要根据你的用户情况适当调整时间，不一定非要挤在热门时间发布。

4. 一天发一两条短视频作品

抖音非常强调和注重用户感观度和体验度，所以在抖音平台发布短视频作品，不能像朋友圈聊天那样，想起什么发什么，想发多少发多少。在这个平台上一天发一两条短视频就已经足够了，但发布的这一两条短视频必须是高质量并且能够给用户带来价值的。相反，如果你发布了很多短视频，但粉丝很少，说明你很有可能被放进低流量池而只能得到很少的推荐。所以说，视频作品多不一定是好事，质量才是硬道理。

5.发布高质量的短视频

什么样的短视频作品更容易上热门？第一类是能够引发别人共鸣的短视频；第二类是有内容的短视频，如能够让别人学到东西的干货类短视频；第三类是有特色的短视频，无论是内容，还是结论，都要与众不同，给人带来不一样的感受。

6.短视频作品要短一点

短视频多是用户利用碎片时间观看的，所以相对来说还是短一点好，一定要做到短而精，同时要说清楚内容。故而，短视频的长度应该以说清楚内容为基础，整体长度控制在2～3分钟。

第三节 快手短视频平台简介

快手的前身是"GIF快手",是一款用来制作、分享GIF图片的手机应用平台。2012年11月,快手从纯粹的工具应用转型为短视频社区,成为用户记录和分享生活的平台。随着智能手机的普及和移动流量成本的下降,快手逐渐迎来了市场的春天。

一、快手平台定位

快手是从GIF图片手机应用发展起来的,所以在早期,快手平台上的短视频形式更类似于有声版的GIF,以搞怪、搞笑为主题的视频占比较高。与抖音"记录美好生活"和"潮""酷""时尚"的定位不同,快手坚持"每个人的生活都值得记录"的理念,以"记录世界记录你"为口号,鼓励用户上传各类原创生活视频。从人们的日常生活到体育、二次元、教育、时尚、购物等内容,快手的多元内容几乎涵盖了每一个普通人的"日常和远方"。

过去,快手的用户大部分是来自二线城市甚至四线以下城市的人群,这些人群的短视频反映了从一线城市到农村青年生活百态,从田间地头,到城市广场,到处洋溢着这群年轻人的欢乐。随着平台的不断发展,快手目前已经深入到城市和乡村生活的各个角落,表现着中青年人生活的喜庆和欢乐。

二、快手平台的特点

快手平台的特点主要表现在以下几个方面：

1. 两种播放模式

与抖音单一的"全面屏自动播放"模式不同，快手为用户提供了两种浏览模式：一种是点击播放模式，即手机屏幕会展示多个短视频的封面图，用户点击短视频封面图后即可播放该短视频。在此模式下，用户可以比较方便地找到符合自己兴趣的短视频。另一种是大屏播放模式，也就是同抖音一样的"全面屏自动播放"模式，即进入快手首页后，短视频会自动播放，用户可以按照平台推送的顺序浏览短视频，通过向上、向下划动手机屏幕来切换短视频。

浏览短视频时，用户可以根据自己的使用习惯在这两种浏览模式中进行切换。

2. "普惠式"运营理念

与其他短视频、直播平台不同，快手始终坚持以普通用户为中心，并坚持用户平等的理念，所以平台算法不对任何知名人物或著名团体进行流量倾斜，在流量分发上始终遵循"普惠"原则，其目的正如它的指导原则所指出的那样："让更多的普通民众分享自己生活的乐园，而非追求潮流的时尚圈"。

3. "去中心化"流量分发模式

快手平台是基于用户社交关注点和兴趣来进行流量调控和分发的，其向用户推荐的内容主要是用户关注的某个账号的短视频。因此，某个短视频账号发布了新的内容后，关注了该账号的用户看到新的短视频的概率会比较大。这种流量分发模式虽然在一定程度上限制了短视频内容的辐射范围，但有利于加深短视频账号与用户之间的联系，增强用户的黏性。

4. 不额外扶持用户

因为不额外扶持用户，也就造成了我们经常听主播们抱怨说：快手粉丝比抖音粉丝更值钱。在抖音模式下，一个短视频一旦成为爆款就会为主播带来非凡的人群和众多的粉丝。但快手却不是这样，因为平台不提供额外的流量扶持，其信息流动速度相对来说十分缓慢，用户很难有耐心和时间在平台上搜索一个不知名的短视频内容和主播，所以，在快手上积累一个粉丝非常不容易。有人说，如果要将一个账号的粉丝在抖音上运营到万，可能仅要一个月，但在快手上可能至少需要90天，这就是这两个平台的区别。究其原因，还在于运营模式的不同，抖音强调的是中心化，它更强调的是内容的传播，它的核心算法是为大众推送更多的视频内容，让大众看到更多的视频；而快手则恰恰相反，它强调的是去中心化，强调的是每个人的主观意识和个人的价值。这也是抖音可以造就现象级网红，而快手粉丝更值钱的原因。

快手最上面有"同城""关注""发现"三个选项，"同城"和"关注"与抖音类似，"发现"和抖音的推荐是一样的，为你推送你关注的作者和你喜欢的视频，继续右划还可以看到一些基本的设置，如查看动态、消息、私信、查找等。

5.快手用户更喜欢故事性的内容

快手不仅可以直播讲故事，更欢迎故事性内容。快手是一个开放的平台，只要符合法律法规和平台的相关要求，什么故事都可以讲，而且讲得越精彩越受平台和受众欢迎。

在快手讲的故事，一定得是有趣味的故事。好故事其实很多，但有趣味的故事比较难得，这是对创作者巨大的考验。

6.快手用户更喜欢思考性话题

短视频话题的选择并不难，但要让更多用户加入活动，就要选择那些和日常生活接近又有趣的话题，特别是具有思考性的话题。虽然各个短视频平台用户都十分欢迎思考性的话题，但相对来说，快手的思考性话题更受用户欢迎。

思考是指对某个对象进行分析、综合、推理、判断等，并将这些思考活动整理出来，或者提问，或者解答，或者留下悬念，让用户通过你的思考了解另一种思想或行为方式，让他们从埋头做事中进入思考的领域，这是一种启迪和进步。

7.快手的广告不能太"硬"

运营者在积累了一定用户之后,除了可享受平台补贴外,还可以通过植入广告或定制广告的形式变现,而运营者究竟使用什么样的广告形式才能让用户买单呢?原生广告、贴片广告、浮窗Logo、创意性软植入等广告形式各有优点,运营者可结合自身优势进行选择,提高变现率。但是,快手的广告不能太"硬",如果太"硬"则不符合平台的调性和受众的眼光。

(1)广告要与短视频巧妙配合。

运营者要多在内容上发力,制作出真正优秀的广告。这些广告,一是要简单有趣,简单有趣的广告更容易抓住人们的眼球,获得广泛的传播;二是要寻找合适的角色定位,优秀的广告不是把产品塞到人们手里,而是告诉人们"这个产品应该怎么玩",这样不仅可以减少人们对广告的抵触心理,还可以提升宣传和推广的效果。

(2)把广告故事化。

与"硬广"相比,故事性的广告具有更好的传播效果。故事性广告首先要找到一个感人的故事,特别是宣传正能量的故事,如亲情故事,然后通过演员将故事演绎出来,给受众以净化心灵的感受。

(3)广告要有创意。

没有创意的广告早已失去了市场,特别是在选择非常丰富的短视频平台上。所以,要想加入广告并受到受众的欢迎,必须在广告的创意上多下功夫。所谓创意,有许多种方式,比如创新的形式,像3D的使用、VR的使用等,但最重要的还在于思想上的创新,要随时给予受众以新鲜感,新颖的故事、新颖的思想、新颖的结局,只有这样才能充分打动他们,引起他们强烈的兴趣。

第四节 微信视频号平台简介

2020年1月22日，腾讯公司官微正式宣布，微信视频号开启内测。

在刚刚推上市场时，微信视频号内容以图片和视频为主，可以发布长度不超过1分钟的视频，或者不超过9张的图片，还能带上文字和公众号文章链接，且不需要PC端后台，可以直接在手机上发布，支持点赞、评论进行互动，也可以转发到朋友圈、聊天场景，与好友分享。不同于订阅号、服务号，微信视频号是一个全新的内容记录与创作平台，也是一个了解他人、了解世界的窗口。

随着市场的不断稳固，微信视频号不再限制时长，并提出了微信"再小的个体，也有自己的品牌"的品牌价值观。

一、人人皆可创作

微信视频号是一个人人都可以平等创作和分享的平台，它的第一个重点落在"人人"，所以，微信视频号不仅面向机构或媒体，更面向个人，即每个人都有机会创建视频号。

微信视频号的第二个重点落在了"分享和创作"上，这说明它是一个面向内容创作者的平台，而不仅仅是一个内容消费平台。在"二八定律"的20%的人生产内容，80%的人消费内容中，它更倾向于服务前者。

在具体运作上，微信视频号首先聚集了一群创造价值的人，然后通过他们创作的内容服务于各自的受众，毕竟依托于10亿多用户体量的微信，好内容不愁没有消费者，好的产品一定会说话。

这里我们需要注意一下微信视频号和微视的区别。微视是腾讯公司推出的视频APP，微信视频号则是微信账号的视频化，这是两个完全不同的平台。

二、降低门槛自我实现

微信始终坚持做一个工具的原则，其视频号想要完善的就是微信所不曾拥有的属性。

对于信息的传播而言，视频可以大大降低创作成本，增加沟通的便利性。虽然视频可能要花费剪辑、美化的操作时间，但并不是大众之间的简单传播就一定要进行这样的操作，简简单单拍摄，随时随地上传，要比打字高效得多，要比语言更有趣味。对于大多数人来说，写一段文字、说一段话虽然已经不是什么难以办到的事，但发一张照片、拍一段视频更加方便和自由，其所涵盖的内容也比简单的语言交流更加丰富——只要打开相机，咔嚓一声，就完成了所有的信息交流。

基于这种分析，微信提出要突破以文字为载体的微信和微信公众号所构建的平台，不让文字成为限制人们交流的障碍，于是微信的视频号应运而生，成为人人皆可创作、皆可分享的交流平台。

微信视频号是对腾讯公司现有微信和微信公众号平台的一个补充，它丰富了微信的工具属性，并给用户提供了更多样、更完善的选择。对于大多数使用者来说，微信视频号给了他们一个全新的选项——喜欢用微信交流的，依旧可以选择微信；喜欢看文字的，依旧可以去公众号欣赏文章；对于那些喜欢看短视频的，当然可以留在微信视频号。受众各取所需，各得其所。

对于内容的生产者而言，视频号给了他们一个新的入口，一个全新的发展机会，特别是在近10亿微信用户这个庞大群体的支持下，几乎无所不能；而另一方面，视频拍摄成本的逐步降低，让视频分享和创作走进了寻常百姓家，实现了真正意义上人人皆可创作。

三、视频号功能

（1）位置："发现"页朋友圈入口下方。

（2）发布：视频号不仅可以发视频，还可以发图文。

（3）关注：视频号的关注按钮在昵称右边，浏览页面时可以直接点击关注该号。

（4）链接：视频号允许创作者插入公众号文章的链接，这种做法无疑非常利于公众号导流和微信发挥群体作用。

四、微信视频号注意事项

想要玩转微信视频号，就要掌握微信视频号的规则及发布、运营技巧；只有掌握了这些规则，才能充分发挥微信短视频和朋友圈的优势，将短视频做大做强。

1. 根据自己的特长深耕垂直领域

微信拥有庞大的10亿用户群体，相信这个基数足以撼动短视频市场，只要你能发挥自己的特长和优势，占有千分之一的群体，你的短视频就会获得非凡的成功。要抓住这千分之一的用户，你必须充分发挥自己的特长，做好"垂直内容"，实践表明，越是垂直的账号，标签越清晰，越容易受到官方的推荐和用户的喜爱。

2. 一定要做好原创

在视频号里发布的内容，绝对不可抄袭和搬运。必须结合自己的特长和爱好，在自身定位的基础上做好原创工作，只有这样，你的作品才有机会在公域流量中发散。

3. 每一个细节都要精益求精

不懂细节就做不好运营。在万物互联的时代，更是如此。一个短视频发布者必须懂得运营，并且将每一个细节都做到精益求精，才能满足市场需求。关于运营，不同领域有不同的标准，商品设计、市场营销、人机交互的运营要求都不一样。对于微信短视频的运营来说，运营者必须满足特定场景（行业或垂直领域）、商业价值和用户三个方面，这就要求运营者不仅要提供好的视频故事、好的标题导语、好的视频画面，而且要为用户提供有价值、有意义的内容，并与用户产生密切的互动。

4.运用好微信社交关系链

微信视频号最大的特点和最具竞争力之处就是它不是完全封闭的，它打通了短视频和个人微信、公众号之间的链接，运营者可以贯通公众号、小程序、短视频之间的私域流量，这一闭环组合的能量非常强大，能为你积攒足够强大的后援人群。

第八章

短视频运营技巧

引爆短视频需要哪些技巧呢？如何快速吸粉、涨粉？其实，在我们前面的讲述中已经包含这些内容。在本章中，我们给大家做一个总结，并结合实例为大家分析其中的一些技巧和方式。

第一节 构建底层逻辑和顶层逻辑

底层逻辑和顶层逻辑均源自营销学的概念，所谓底层逻辑就是我们思考问题时的出发点。面对同样一个问题，我们会有很多种不同的解决方法，但哪种方法能最便捷、最有效地解决这个问题呢？这就是底层逻辑要解决的问题。找到了最有效的解决问题的方法，我们就需要考虑：解决这个问题，我们要达到怎样的目的？是简单解决问题，还是防止以后类似问题的出现？这就是顶层逻辑，即我们的长期规划和长远目标。

短视频的运营同营销有着相同的道理。要想运营好你的短视频，也必须从底层逻辑着手，并建立起良好的顶层逻辑。在构建这种逻辑时，我们必须充分考虑自己的实际能力，做自己力所能及的事情，千万不要"眼高手低"。

营销逻辑构建下的短视频内容热点打造，一般情况下可分为三个步骤：第一步，确定账号方向；第二步，策划选题；第三步，编辑制作。

在具体实施的过程中，我们可以按照下面的图示综合考虑问题：

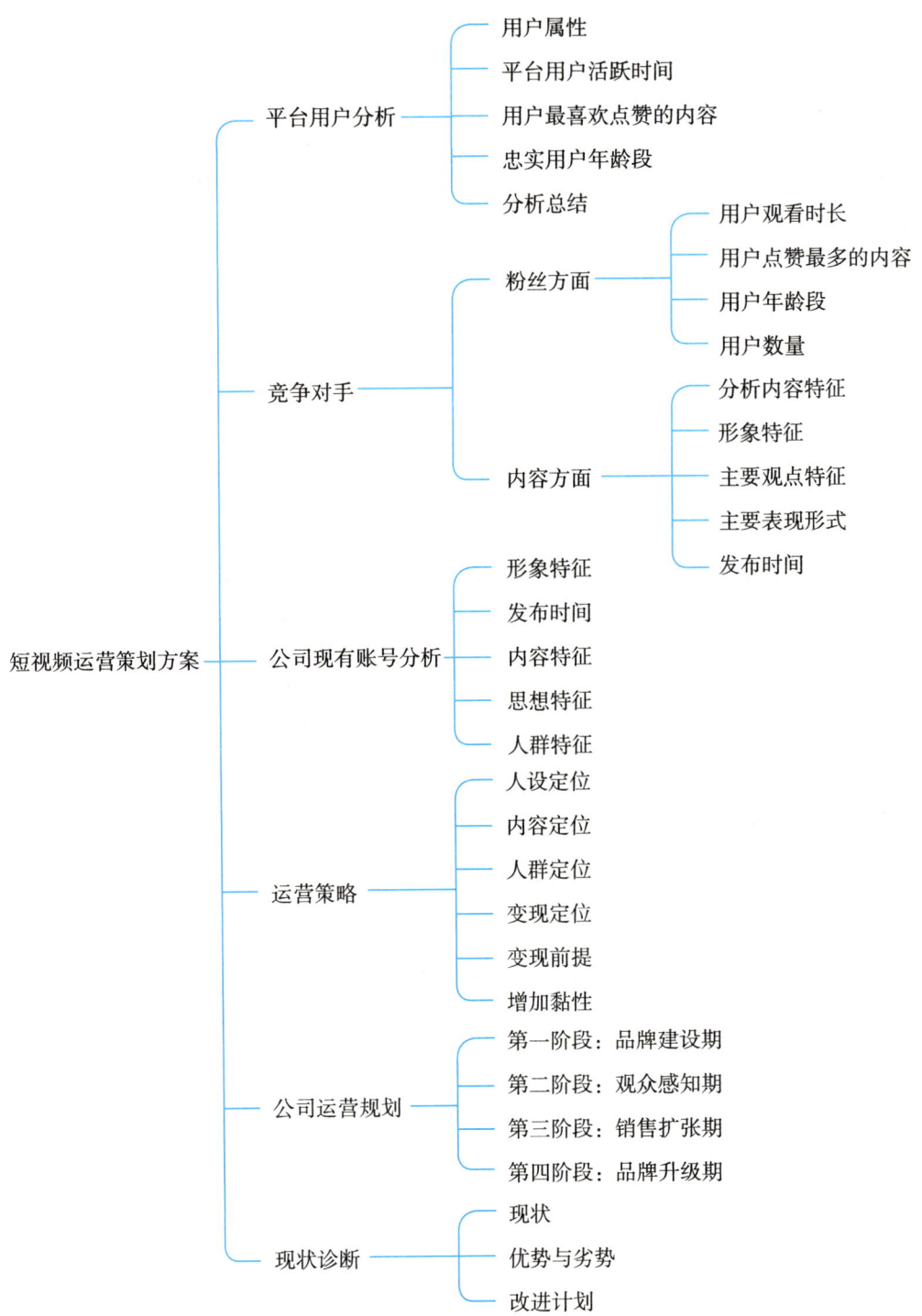

一、营销逻辑构建下的短视频账号打造

在目前短视频市场竞争异常激烈的情况下，如何确立自己的账号方向确实让不少刚刚入门的短视频制作者感到压力倍增，军事、美食、旅游、婴幼儿、绘画、图书……各个领域均涌现出了不少大V级的短视频制作者和团队，要想在这些已经成熟的领域闯出自己的天地的确不是一件容易的事。

面对这种激烈竞争的局面又该怎么办呢？就像我们前几章所分析的那样，虽然各个领域都有非常优秀的短视频经营者，但垂直市场化依旧给你的发展留出了足够的空间。你首先要对自己的爱好和特长进行分析，找到你最擅长的部分，然后对这部分现有的短视频进行详细、科学的分析，研究这个行业的情况以及同类短视频的内容情况、经营情况、粉丝情况，找到它们各自的特征和优势，然后比较一下你想做的内容有什么优势，再找出你和它们的区别，这样就构建好了你的短视频底层逻辑。比如做美食的短视频很多，但专门针对某一种食材的内容可能还没有人做，或者还没有人做得好，比如大虾，我们就可以专门针对这个领域，只做关于大虾的烹饪技术的内容。

二、营销逻辑构建下的短视频内容打造

在内容方面，纵观短视频市场成功的案例，大多都包含以下这六点要素中的一点或几点：

一是笑点，这是目前人们观看短视频的趋势，因为人们观看短视频大多都是为了放松；

二是嗨点，也就是娱乐点；

三是泪点，给大家讲一个感人的故事；

四是热点，就是大家目前所共同关注的问题和话题；

五是共识点，就是要说出大家想说的；

六是特点，就是要求你的短视频有独到之处。

有了这其中的一点或几点，相信你的短视频马上就会火起来。

在拥有了这样的要素后,我们还应该注意短视频晋级的5大指标。这5大指标我们前面已经分析过,就是短视频的关注率、完播率、转发率、互动率、点赞率,其中最重要的指标是完播率,因为完播率是用户体验最好的依据。

打造完播率指标的关键还在于内容的把握,怎么策划脚本是关键所在。在这方面,我们要注意以下几点:

1.内容

内容的背后是人心,运营的背后是人道。只有从善如流,才能打造出爆款视频。

2.长度

短视频最好是2~3分钟,最长也不要超过5分钟。

3.开头3秒钟

如果短视频不能在前3秒钟抓住观众,是很难获得成功的。

更多需要注意的内容,如下所示:

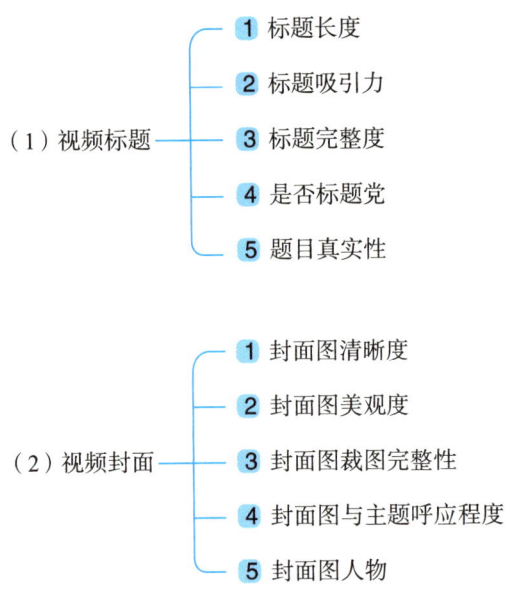

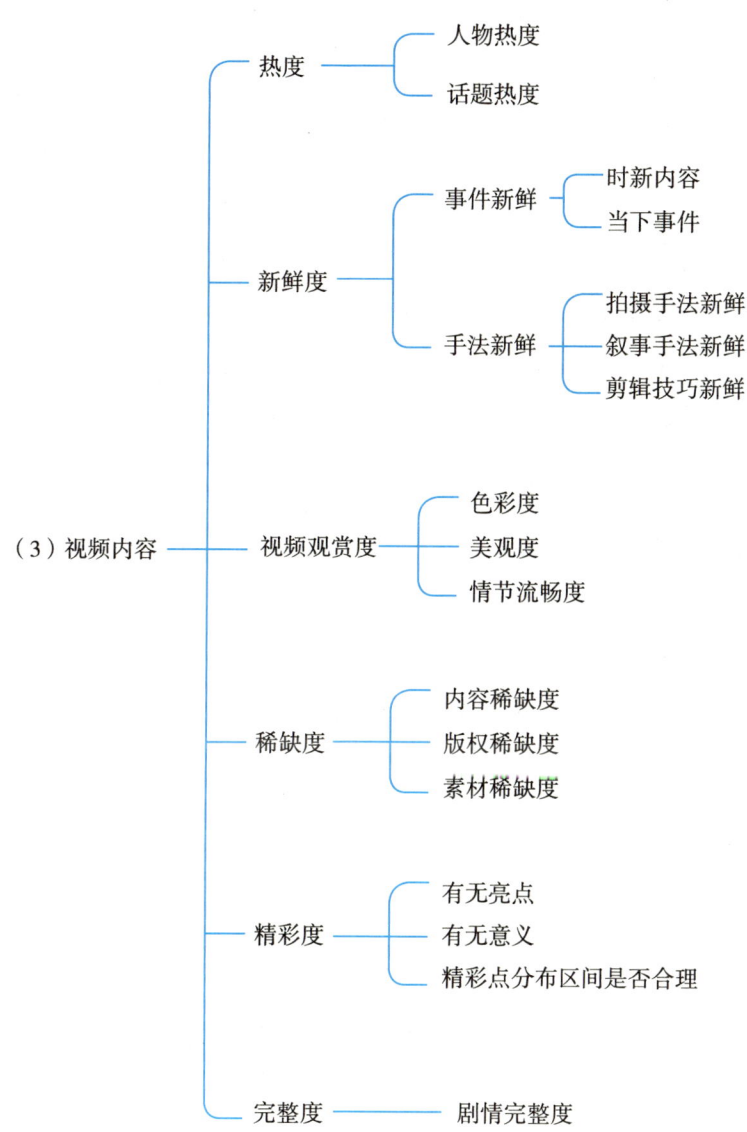

三、营销逻辑构建下的短视频运营

营销逻辑构建下的短视频运营技巧，我们在前面的章节中已经提到了很多，比如保持持续更新、避免闯入"雷区"、做好每一个细节、增加粉丝黏性等，在这里我们就不再赘述了，希望短视频运营者认真研究、学习成功短视频的经验，为自己开创出成功的道路。

短视频发布以后,我们还要进行复盘,如下所示对大家收集、整理、分析短视频的播放效果有很多帮助:

四、短视频运营必备的数据分析工具

1. 新榜

新榜可以算是比较权威的榜单工具,其内容涵盖了主要自媒体平台各种数据、榜单分析、监测报告、运营情况、变现参数等运营的各个环节。目前,该软件提供免费和付费两种服务。

免费功能主要提供公众号、头条、微博、抖音、B站、快手等各大平台的TOP账号榜单查询功能,可分别查询日榜、周榜和月榜,也可对各大平台50~100个TOP账号进行分类数据查询,如分别查询娱乐、游戏、宠物类榜单等,可以从一定程度上对短视频账号运营者起到帮助作用,分析出受众的喜好趋势和变化。

付费功能主要包括各种数据服务、内容营销、版权分发、运营增长等内容。

总体上说,新榜的功能比较全面强大,是目前自媒体行业主流的分析工具之一。

2. 清博大数据

与新榜类似，清博大数据可以提供微信、微博、头条、B站、抖音、快手等主流平台及一些非主流平台如美拍、梨视频、西瓜视频等的TOP账号榜单、数据报告、舆情分析等内容的查询，其高级付费功能可提供如活跃粉丝预估、分钟监测等特殊功能。

3. Toobigdata

Toobigdata软件专门提供抖音平台的数据查询，可提供抖音红排行、热门短视频、热门音乐、热门挑战、热门带货分析、账号问题诊断等功能。Toobigdata软件中的绝大部分数据都可以免费查看，并可查询快手平台的TOP网红和热门视频等数据。

4. 短鱼儿

短鱼儿软件设计的内容非常丰富，日常短视频运营用到的一些基本功能通过该软件基本都可以查到，比如各种热门视频分析、新鲜资讯、账号监测、达人搜索、网红排行榜、电商数据等。它所提供的账号追踪功能可以获取该账号每日数据报表；网红排行查询功能不仅可以找到最热账号，也可以免费查询到TOP100账号；其数据对比功能可通过不同账号的抖音粉丝数据及趋势比较账号热度及走向；电商排行榜可列出最热销商品，帮助短视频运营者对热销产品进行分析，进而对于短视频带货的运营者提供帮助。

5. 飞瓜数据

飞瓜数据是一个比较专业的热门短视频、商品及账号数据分析平台，它使用大数据追踪短视频的流量趋势，并根据分析结果给运营者提供热门视频、热门音乐、爆款商品及优质账号，帮助账号运营者确定账号内容定位、粉丝增长、粉丝画像以及流量变现等战略目标和战术手段。此外，该软件还可提供热门视频、热门音乐、热卖商品及各大带货账号，并将这些内容的数据分析功能整合到一个工作界面，供短视频运营者随时调取查看，同时在该工作界面，短视频运营者亦可查询到包括抖音、快手、B站、微视、秒拍等主流短视频平台的各种数据，可谓功能全面。不过，该平台免费功能十分有限，大部分功能都需要付费使用。

6.卡思数据

卡思数据涵盖抖音、快手、B站、西瓜视频、火山小视频、美拍、秒拍等多家短视频平台的分析数据,是另一个短视频市场的专业分析平台。同其他数据分析平台相比较,该平台主要功能集中在网红榜单查询、行业资讯、平台玩法等方面。

在其免费版上,短视频运营者可以进行TOP100网红榜单的查询。其高级付费功能较为齐全,分别设有:监测分析,可对某一账号的数据进行分钟级的监测,实时把控数据变动;榜单查询,可查询各短视频平台的红人排行榜;红人智选,帮助短视频运营者和广告主对网红进行分析。此外,该平台还设有电商带货分析、热销商品榜、热门带货视频榜、热门视频素材等分析功能。

第二节
原创实用内容的典范——秋叶

干货分享短视频的侧重点在于教学,向用户传授某种技能,在这类短视频中,秋叶应该算是比较成功的一例。

一、定位精准

在内容定位上,秋叶开始选择了讲解和传授PPT的制作方法与技巧。因为PPT有着广泛的应用市场和受众群体,如办公室白领、大学生、学校教师等,对于他们来说,PPT的制作方法与技巧是他们的刚需。

在PPT的制作方法与技巧教授方面,"秋叶PPT"首先筛选了上百个容易被忽视的PPT小技巧、小窍门,包装成短视频教程,以一种轻松、场景化的方式让用户在观看短视频的过程中轻松掌握,帮助其提高制作PPT的实战能力。在短视频的标题制作上,秋叶采用提问或对比的方式,高度概括每条短视频要讲解的核心知识点,直戳PPT使用者的痛点,瞬间抓住用户。

二、生动有趣

比起一般的知识教授,秋叶的运营者深谙教学之道和短视频市场的应用,他们的短视频能在几秒钟内吸引用户的注意力,然后用生动有趣的教学方法将知识点娓娓道来,让粉丝在欢乐中学到知识,而且在结尾时,短视频还会创造一个冲突被解决后的惊喜，给观众以趣味性。

秋叶的老师们在总结他们的教学方式时，总结出了"直戳痛点式""直奔主题式"和"图文快闪式"等讲授方法。

直戳痛点式：即设计一个工作场景，在这个场景中先提出制作PPT的痛点，或者指出制作PPT时缺少经验的新手的错误，然后由经验丰富的老师讲授一个几秒就能解决此问题的妙招。这种讲解方式带有故事性，很容易让用户产生代入感。

直奔主题式：在短视频中直接、精练地讲解某种制作PPT的简单方法。

图文快闪式：以图文快闪的方式讲解制作PPT的技巧。在这种讲解方式中，既没有演员的参与，也没有场景故事，整个短视频是由一张张包含知识点的图文页面配上音乐构成的。

三、注重互动

与用户互动是增强用户黏性的一种有效方法。"秋叶PPT"短视频的创作者会在评论区中与用户互动，或者回答用户提出的问题，或者针对短视频中的某个有趣的问题与用户展开讨论，这样在无形之中拉近了与用户的距离。

四、逐步拓展

在PPT教学取得成功以后，秋叶没有停止前进，而是进一步开拓了整个Office教学进程，包括Excel、Word等。

通过这些教学短视频，秋叶积累了上百万的粉丝。在后期的运营中，秋叶主要采取三种方式，一是售卖短视频课程，二是出售各种素材，三是为用户提供解决方案。经过这样的运作模式，秋叶在Office全套软件教学中，基本上坐稳了头把交椅。

第九章

短视频的未来与收益

短视频内容承载了更高维的信息密度，具有实时性和互动性特点，能够充分提升内容的真实性和趣味性，并充分调动了当代用户的碎片化时间，成为用户使用时长增量最为显著的互联网产品。随着5G时代的到来，VR、AR、3D等技术的加入，短视频行业将与多个产业不断深入融合，传播场景将不断扩展，必将成为下一个最有市场的盈利点和大众关注点。

第一节 短视频的未来

一、5G，短视频时代的到来

4G 时代，短视频还处于萌芽时期，只是初步建立了连接通道，其主要功能以记录和分享为主。在经过一代又一代通信技术的更新换代后，5G的网络承载力将达到4G技术的1000倍，流量密度可达10Mbps/㎡，这意味着5G网络能够同时满足数量庞大的人群在同一地点对高速网络的使用需求。

5G时代的到来，用谷歌董事长埃里克·施密特的话说，"是一个高度个性化、互动化的有趣世界"。物联网将连接一切，更深度的内容和服务将会出现，网络将更加人性化和智能化。

有预测称：短视频是5G时代移动互联网和新媒体的制高点。5G时代，不只有人的记录，还有设备的记录。更多设备接入，更多数据涌入，并且保持随时在线。人和设备的共同赋能，将产生更丰富的输出和应用，包括看得见和看不见的信息。在未来，5G将通过视频实现远程医疗、智能农业等技术。

二、视频+社交+消费

在这个社会变革的年代，随着人们"候鸟式迁徙"过程的不断强大，人与人之间的关系早已脱离了过去那种熟人社会，走进了陌生的世界。在这个世界里，人们的社交活动变得稀少。也正是在这个时候，短视频的出现填补了人们社交的空白，通过一条条无形的线路，陌生的人们开始交谈，不熟悉的人从此成为朋友。5G时代的到来，更是给这种交往形式添加了诱人的光环，那些远离家乡、远离父母、远离朋友的人将不再孤独寂寞，他们找到了新的社交形式和宣泄方式。

纵观短视频市场，我们可以发现这样一个现象：并不是只有制作精美、创意十足的视频才会被大家点赞，很多制作简单、画面乏味但娱乐味十足的短视频同样有极高的点赞量。其实，这就是当代人交流的一种方式。自2015年开始，电商们也发现了这一变化特点，于是社交电商开始崛起。至2018年，短视频行业被带入了商业，消费行为不再是简单的物物交换，而是转变成了一种娱乐形式。

目前，通过短视频实现品牌的智能传播已成为很多品牌的营销方式。相比图文等传播形态，短视频的内容让用户的表达变得更加立体、真实和丰富，短视频引发了人们交流方式的升级和进化。

在这样的背景下，短视频为营销带来了新的想象力：一方面，品牌要在短视频生态中变身为内容创作者，成为关系链的组成部分，融入生态，为更多的用户所关注；另一方面，品牌可以通过智能化的手段精准地匹配到用户，通过短视频更加深入地与用户互动，从而实现营销的目的。

因此，"智能+传播+短视频"将成为品牌的全新营销方式，"短视频+社交+消费"成为人们之间交流的新手段。这种智能化的手段让用户体验和传播变得更加美好，品牌主动创造美好生活的内容，消费者通过娱乐方式享受生活，双方共同打造美好生活的内容能量场，成为品牌互动营销的重要策略。

第二节
知识化和去商品化将成为最新玩法

短视频的发展，造就了人人都是主播、人人都能发布新闻的大众传媒新格局。随着5G时代的到来，飞速的流量和越来越多普通大众的参与，短视频必然成为一个辉煌的标志。

在短视频逐渐勃发的同时，追逐利润、谋求利益的现象也必然充盈整个短视频市场，使短视频在一夜之间变成商业逐利的工具和手段，短视频内容严重商品化趋势受到了越来越多受众的抵制，未来短视频的市场将发生一场翻天覆地的变化。这种变化的主导思想就是短视频市场的进一步知识化和娱乐化，从内容方面的知识化到形式方面的娱乐化，甚至连知识也会变成一种娱乐，让人们在娱乐当中生活、学习，而那些逐利的商业化的短视频，也会披上知识、娱乐的外衣出现在各个平台，去商业化将成为短视频未来发展的崭新形式。

一、知识化与娱乐化将成为主流

干巴巴地讲述知识，在未来的短视频市场将不再有优势，使用娱乐手法讲述知识的短视频将大行其道。比如，我们给受众讲解AE小技巧，过去流行的那种简单的知识描绘已经远远不能满足受众的需求了，现在，我们需要运用幽默的小故事来讲解，比如编写一个AE操作失误的小故事，通过这样的故事把知识传授给大家，通过需求引导进一步诱使受众观看和购买你的专业讲解产品；再比如卖户外帐篷，单纯给大家展示帐篷的外观、功能等知识肯定得不到热捧，那么你就换个方式，你可以选择为大家讲解登山故事，通过故事引出你的帐篷，像1991年梅里雪山事故原因分析、5.7级崖壁技术水平是怎么回事等，或者干脆拍摄一段搞笑的登山小视频，通过这些故事详细介绍你的帐篷。美食也是一样，单纯讲述产品的优秀质量已经没有市场，你可以从原材料的产地入手，逐步讲解食材的生长环境、用途以及使用、烹饪的方法，才能得到更多的观看和点赞，进而得到更多的订单。

二、矩阵将进入绞杀阶段

随着微信短视频的加入，短视频市场的竞争将会越来越激烈。由于微信自带流量和其十亿用户这一巨大优势，相信那些在其他平台已经很知名的短视频运营者或运营团队一定不会放弃这一市场，毕竟十亿用户意味着更大的商机。

微信短视频的玩法与其他平台相比，更强调矩阵在传播和商业化运作方面的优势。首先，你的微信朋友就是你的第一个矩阵——社群矩阵，这里聚集着你多年的好友，是你事业发展起步阶段的强大后援力量；如果你有公众号的话，那么你就有了第二个矩阵——公众号矩阵，这里汇聚着你长年经营的粉丝，他们或者是你观点的支持者，或者是你代言产品的购买者，总之，他们都是对你绝对信任的人；如果你经常在微博上发表作品，并且有着一定数量的粉丝，你就拥有了第三个矩阵——微博矩阵，同第二个矩阵一样，他们也是对你非常赞同的人；如果你同时拥有多个自媒体平台，那么恭喜你，你有了第四个矩阵——自媒体矩阵，在这个矩阵里聚集着各个平台喜欢你的人、喜欢你产品的人。

微信短视频打通了这些矩阵中大部分矩阵之间的联络，能够让你迅速组建成自己庞大的社群，通过这个社群，你可以充分利用自己的才能做好短视频的传播工作，并进一步取得商业利益，而不用像以前那样逐个矩阵分别组建和运营。

在未来的短视频矩阵中，视频号矩阵+社群矩阵+话题功能+直播间+商品销售是最好的组织形式。在这个矩阵中，通过微信视频号，你可以发布最新的短视频，可以通过直播与朋友们、粉丝们交流畅谈，通过睿智的思想、有趣的故事、实用的知识、诙谐的表演等新鲜活泼的形式销售你的产品，你的社区矩阵将给予你最大的支持。

三、IP价值更加突显

在互联网时代，个人IP可以指一个符号、一种价值观、一个共同特征的群体、一部自带流量的内容。

要打造自己的IP价值，一定要注意以下三点：

1. 找准自己的定位

"我是谁？"人最怕的就是不能正确认识自己。作为一个短视频运营者，你首先要确定的问题就是："我是谁？"在确定这个问题时，一定不要高估自己，高于自己实际能力的角色是你无法承担的；也不要低估自己，低估自己会让你无法发挥出应有的实力。

找准定位的第二个问题就是："我要做什么？"这就要根据你的所长来确定，如果你擅长讲故事，那就做个讲故事的人，如果你擅长摄影，就做个摄影分享者。千万不要做自己不擅长的事情，不知道可以学，不会做可以问，但绝不能做假行家，做外行指挥内行的事。

2. 给自己的IP取个好名字

知道了"我是谁"，找到了"我要做什么"，你就可以在平台、互联网上给自己"贴上标签"了，比如"美食达人""摄影高手""旅行家"等，这个标签，就是你在互联网和平台上的IP属性。

确定好你的个人IP后，你就可以给自己的账号取个好听的名字了。取名的标准一般是易记、易懂、易传和易搜。易记就是让名字字数尽量短一点、通俗一点，让人容易理解和记忆；易懂就是名字要让别人一看就知道你是做什么的；易传的要求是名字要朗朗上口，容易传播；易搜则要求名字不要使用生僻字，拼写要简单。

视频号名字不能乱取，因为要有"唯一性"且一年只能修改两次。

好的IP一般都有一个简单而响亮的名字，让受众看到名字就知道你是谁、你是做什么的、你代表什么以及你的视频号会传播什么。

3.做好自己的垂直领域内容

历史经验告诉我们：无论是个人还是企业，要想在所在的领域里有影响力，就必须在自己的领域不断深耕，勇当该领域的领头羊。华为也好，格力也罢，他们都在各自的领域拥有属于自己的知识产品，在核心技术上狠下功夫，引领着所属行业的发展。做短视频也是一样的道理，如果你只是人云亦云，没有自己的想法和独到的技艺，就无法取得短视频市场的领先地位，你的IP价值也会越来越贬值。

垂直领域的深耕是一条艰辛且漫长的道路，成功的结果人人想要，但成功的路不是人人都会走。要想提高IP权重，独断深耕垂直领域，你不仅要不断积累该领域的各种知识，还要学习提升驾驭短视频的能力，深化受众群体的黏性，只有坚持不停地走下去，你才能看见曙光。

第三节 VR、AR和裸眼3D将成为下一个闪耀新星

科技在进步,人类在发展。几十年前,大多数人都没有想到互联网技术会给我们的生活带来如此巨大的变化;十几年前,大多数人也没有想到互通互联时代的到来会使短视频成为我们生活的日常。在当今这个科技发展突飞猛进的年代,真的可以说是"只有你想不到的,没有你看不到的"。

人人短视频时代的下个阶段会是什么样子呢?很多人都提出了自己的设想,比如万物互联、星际间的沟通等,但我们最应该注意的是AR、VR技术的发展和裸眼3D的实现,这两种技术的突破将给短视频市场甚至传媒方式带来革命性的变化。

AR是一种全新的人机交互技术，利用这种技术，可以模拟真实的现场景观，它是以交互性和构想为基本特征的计算机高级人机界面。使用者不仅能够通过虚拟现实系统感受到在客观物理世界中所经历的"身临其境"的逼真，而且能够突破空间、时间以及其他客观限制，感受到在真实世界中无法亲身经历的体验。

VR是仿真技术的一个重要方向，是一门富有挑战性的交叉技术前沿学科和研究领域，它将实现二维空间向三维立体空间的转变，带你漫步城市景区、战场、火星地面等立体空间，并通过特殊技术让你实时感受到气味和触觉引发的联想。

VR包括了模拟环境、感知、自然技能和传感设备等方面。模拟环境是由计算机生成、由实时动态的三维立体逼真图像来完成的；感知是指理想的VR应该具有一切人所具有的感知，除计算机图形技术所生成的视觉感知外，还要有听觉、触觉、力觉、运动等感知，甚至还包括嗅觉和味觉等，这被称为多感知；自然技能是指人的头部转动，眼睛、手势或其他人体行为动作，由计算机来处理和参与者的动作相适应的数据，对用户的输入做出实时响应，并分别反馈到用户的五官。

VR和AR的区别在于：VR是创造出一个全新的虚拟世界，而AR则是强调"虚实结合"。

把虚拟的图像和文字信息与现实生活中的景物结合在一起，达到"增强"现实的目的，增强现实也可以叫混合现实，是在保留现实环境基础上构建的数字影像。

裸眼3D技术是目前各大厂商争相研发的科技产品，通过这项技术，我们通过电脑、手机就能欣赏到如实物般的三维图像，使我们的世界变得更加精彩。这种技术目前已开始应用到夏普的3D手机、任天堂的3DS游戏机、松下相机、索尼摄像机上，抖音、微信等平台也正在全力开发相应产品，一些新兴的企业如"视觉3D"等也正在积极研制和推出裸眼3D屏幕，相信在解决了屏幕显示问题后，这将是能最先面世的产品。

这些产品上市后，短视频市场将会面临新的竞争，过去的二维空间将被三维空间所取代，短视频的运营者必须学习和掌握新的编辑方法、新的摄录方式，只有抢占科技的先机，才能占有市场，不被市场所抛弃。